るろうにほん 熊本へ

佐藤健

佐藤健、熊本へ。

ガイドブックには載ってなくても
まだまだ日本には素敵な場所がたくさんあって
そういう場所に出合えるととても嬉しい。
そんなささやかな気持ちから旅に出ることを決めた佐藤健《さとうたける》。
ではどこに行こう？　と考えるところから
さまざまに思いを巡らせました。

少子高齢化が進み、人口が減少していく日本。
これまで右肩上がりを信じて走り続けてきた日本人は
いま、どことなく未来への不安を感じているように見えます。
しかし「お金」や「経済」だけじゃない、
もっと多様なモノサシをもって
ゆるやかな坂道を下る日本を見れば、
その向こうに、いままで気づかなかった上り坂を
見つけることができるんじゃないか？

ならば、いまいちど自分の足元に目を向けてみようと、
平成28年夏、自身の映画撮影地として
縁の深い熊本への旅を決めました。
そこには、その年の4月、地震で大きな被害を受けた熊本に
自ら足を運びたいという気持ちもありました。

そこで出会った熊本の人たち。
震災の厳しさとそれを乗り越えんとする人々の強さにふれたいま、
佐藤健は答えのない未来について考えています。
とてもワクワクした気持ちで。

本書を片手に、ぜひみなさんも熊本へ行ってみてください。
旅人それぞれに訪れるだろう出会いの喜びは、
お金とはまた違った意味の豊かさを感じさせてくれるはず。
さあ行きましょう！　るろうの旅へ

no chiffon no life

CONTENTS

福岡県
大分県
小国町
南小国町
産山村
阿蘇市
南関町
和水町
山鹿市
菊池市
玉名市
玉東町
合志市
大津町
南阿蘇村
高森町
北区
熊本市
菊陽町
西原村
東区
西区
中央区
益城町
嘉島町
南区
御船町
山都町
宇土市
甲佐町
宇城市
美里町
氷川町
熊本県
八代市
宮崎県
五木村
水上村
山江村
相良村
芦北町
湯前町
球磨村
多良木町
あさぎり町
錦町
人吉市
島県

熊本

KUMAMOTO MAP

第1章

るろうのはじまり

日本を旅することから、各地のさまざまな文化に出合い、それを「本」にして伝えたいと考えた俳優・佐藤健が、その旅先に選んだのは、主演映画『るろうに剣心』の撮影場所としても縁の深い熊本県でした。熊本と言えば平成28年4月に起きた地震による甚大な被害から、いまもなお復興に向けて多くの人たちが厳しい生活を強いられています。震災を経てあらためて「本」というものの存在の大切さに気づかされたという、熊本市内のある本屋さんから、今回の旅をはじめようと思います。

長篇

熊本市

KUMAMOTOSHI

あいにくの雨のなか、佐藤健が最初にやってきたのは、熊本市中央区新《しん》町《まち》にある長崎次郎書店《ながさきじろうしょてん》。明治7年（１８７４）創業という長い歴史をもった、町の人たちにとって欠かすことのできない本屋さんです。大正13年に建てられたという現在の建物は、三菱の丸の内赤煉瓦《れんが》オフィス街の設計など、明治・大正期に活躍した建築家・保岡勝也《やすおかかつや》によるもの。登録有形文化財にも指定されているその建物は、熊本の人たちのランドマークとして愛されてきました。しかし、そんな長崎次郎書店が平成25年、諸般の事情により休業することに。そこで立ち上がったのが、明治22年に上通《かみとおり》支店として開店し、戦後の経営分離を経ていまに至る株式会社長崎書店、4代目社長の長崎健一《けんいち》さん（38歳）でした。熊本県民のみなさんに「長崎次郎」の愛称で親しまれてきた書店をなんとか残したいと幾度もの話し合いの場がもたれ、その結果、一度は袂《たもと》を分かった長崎書店が、長崎次郎書店の看板を引き継ぐカタチで再オープンすることに。それが平成26年7月、創業１４０周年を迎える節目の年の出来事でした。そこから2年が経とうかという平成28年4月、熊本に大きな地震が発生したのです。

がんばろうね
前進!!
きょうがダメなら
あしたにしましょ
あしたがダメなら
あさってにしましょ
あさってがダメなら
しあさってにしましょ
ホイ!
未来を信ずる歌
Look forward
Enjoy every
熊本
Love
がんばろう
熊本♡
ようすけ
ガンバレ
熊本
アイラブユー
熊本

長崎次郎書店

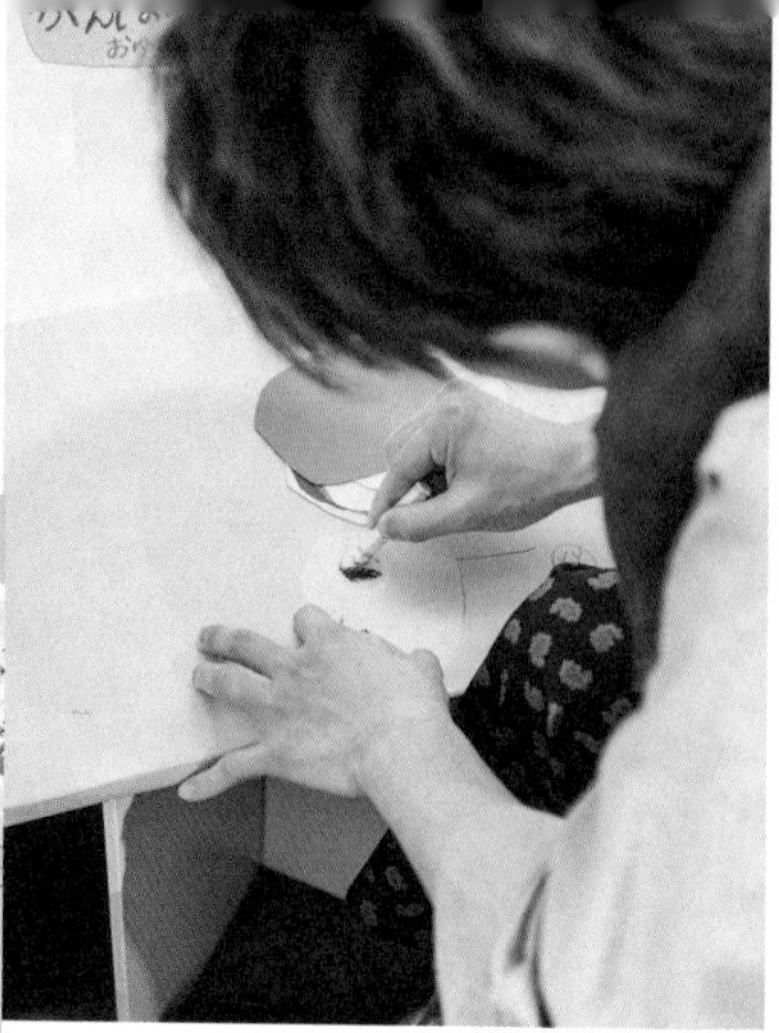

長崎　これはスタッフが描いた熊本城《くまもとじょう》です。地震で石垣がだいぶ崩れてしまいました。

佐藤　そうですよね。

長崎　そこでこの紙を石垣に見立てて、メッセージをみなさんに書いてもらっています。

佐藤　書店のスタッフさんの企画ですか？

長崎　そうです。大学で絵を勉強した子がこの熊本城を描いてくれて。石垣はみなさんに書いてもらって。

佐藤　なるほど。

長崎　お客さん以外にも、熊本在住のイラストレーターの方や、東京の絵本作家さんなども書いてくださったりして。

――早速、メッセージを書く佐藤――

長崎　かわいいですね。モデルは？

佐藤　くまモン（笑）。

長崎　ありがとうございます。

佐藤　あれ、くまモンってどんなだっけ？

　長崎さんが持ってきてくれたくまモンのイラストブックを参考に、若干修正をほどこす佐藤。書き終わったカードを貼って、少し店内を巡ります。書店員さんの書物に対する愛情やメッセージが伝わる棚づくりに、仕事柄本を読むことが多い佐藤もずいぶん魅力を感じている様子。郷土関連本が集められたコーナーでは、主演を務めた映画『るろうに剣心』の、人斬り抜刀斎《ばっとうさい》こと緋村剣心《ひむらけんしん》のモデルとも言われる河上彦斎《かわかみげんさい》の本を見つけます。なんと長崎さんいわく、ここから歩いて数分のところに河上彦斎生誕の地の標木が立っているとのことで、後で行ってみることにします。

失われた

緊急発売

いつのまにやら昼食時《おひる》ということで、長崎次郎書店2階にある喫茶室へ。お店のすぐ目の前を走る路面電車の往来が眺められる窓際の席で、温かいココアとナポリタンをいただきながら、さらに長崎さんにお話を伺います。

佐藤　こちらの喫茶室はいつオープンされたんですか？

長崎　2年前の10月にオープンしました。書店自体は明治7年のオープンです。

佐藤　そうなんですね。ではこの2階も書店スペースだったんですか？

長崎　2階は事務所として使っていたんですよ。1階はずっと書店で。

佐藤　外観もかっこいいですよね。建てられてからどれくらい経つんですか？

長崎　現在の建物は今年（平成28年）で92年目です。

佐藤　すごい。

長崎　保岡勝也という人の設計なんですけど、東京駅丸の内駅舎って素敵な建築じゃないですか。あれを設計した辰野《たつの》金吾《きんご》に師事したらしいです。三菱の赤煉瓦オフィス街の設計とか。

佐藤　たしかに通じるものを感じる。

長崎　次郎書店の2代目が、出張の際に保岡氏の建築を目にして、この人に頼みたい！と発注したそうです。当時は本当に珍しい建物だったみたいですね。

佐藤　当時から珍しかったんですね。でも、こういう年代の建物は耐震の問題について言われたり

するじゃないですか。リニューアルされるときに、そのあたりは大丈夫だったんですか?

長崎　危なかったです。1階の書店をリニューアルするときに天井を開けてみたら、梁《はり》の太いのが通ってるんですけど、中が白蟻《しろあり》でスカスカになってたんですよ。お金をかけないんだったら見なかったことにして内装だけきれいにすればいいけど、地震があったときに怖いということで、梁を全部入れ替えて。

佐藤　ギリギリでしたね、本当に。

長崎　はい。よかったです。それをやってなかったら一体どうなっていたか。この柱は、この数ではとてももたないから追加しましょうって建築士の方が言ってくれて柱も補強して。本当にやっておいてよかったなって。

佐藤　本当ですね。

長崎　このエリアは昔の町屋が比較的残ってるんですけど、今回の地震で全壊したところも何軒かあって。

佐藤　ショッピングモールとかが大変だったみたいですね。

長崎　そうですね。

佐藤　低コストで作らざるをえなかったから、被害の大きい場所ではほぼ全部倒壊してしまったとか。今回たまたま深夜に起きたから死者が出なかったけれども、もし昼間に起きてたら、だいぶ被害があっただろうって聞きました。

長崎　天井が落ちてますからね。

佐藤　そうですね。長崎さんは地震のときはどうされてたんですか？

長崎　4月14日の前震は夜9時26分ですから、震災前は夜9時で閉店だったので、もう閉まってた

んです。スタッフは閉店作業をしてたんですけど、僕はすぐ近くの商店街の事務所で会議に出ていて、これから飲みに行こうかって出ようとしたときに、地震がきて。「これはヤバい」っていうことで「みんな家に帰ろう」と。僕はすぐ書店に戻って。そしたら通路が一面、本の海になっていて。呆然としましたね。

佐藤　その後に本震があったんですよね。

長崎　はい。14日の前震があって、15日は臨時休業にして、16日から来られる人は来て、片付け作業を一緒にやりましょうってスタッフ全員に連絡を回したんですけど。16日になった直後ですね、夜中の1時25分頃にさらにすごい地震がきて。お店の中の状況もさらにひどいことになって。復旧作業はしばらく見合わせようっていうことになりました。ひどかったですね。

佐藤　本震のときは家にいらっしゃったんですか？

長﨑　はい、横になってました。明日から片付け頑張らなきゃと思って休んでいたんですけど、寝てたら下からドーンと、すごい突き上げがきて。数十秒ぐらいトランポリンに乗ってるみたいだったんですね。跳ねてるみたいで。ライフラインも全部ダメでしたね。

佐藤　スタッフのみなさんも大変でしたね。

長﨑　みんな家が怖いということで避難所に行ったり、公園に避難したり。あとは車中泊ですね。半分くらいのスタッフが家にいられないということで、外に避難していました。

佐藤　お店を再開されたときは、お客さん喜ばれたんじゃないですか？

長﨑　はい、それは本当に喜んで来てくださって。

当たり前だと思ってたけど、本が読めるとか、本屋さんが開いてるってことが嬉しいって。

佐藤　地震が起こってから何日くらいで再開されたんですか？

長﨑　16日に本震があって、17日に次郎書店のほうはあらかた片付けができたんですよ。それで18日には（次郎書店は）オープンして。

佐藤　へえ〜。すごい。

長﨑　上通のほうの長﨑書店は19日に。

佐藤　早いですね。

長﨑　書棚の近くは危険なので、規制線を張って一部オープンというカタチで。

佐藤　18日にオープンして、すぐお客さんは来てくれたんですか？

長﨑　さすがに最初の2日間くらいは少なかったです。「開いてるんだ」って逆にびっくりして入ってこられて。だんだんそれがお客さんの間で広まっていったみたいですね。3、4日すると、ほぼ通常営業時に近い数の人たちが来てくれて。ゴールデンウィークも通常の倍ぐらいお客さんが来てくださって。連休明けに学校がはじまったんですよね。それまでは避難生活を送ってる人が多くて。

佐藤　子どもたちは学校に行けないと退屈だったりしたのかな。

長崎　そうなんです。避難所で読む本が欲しいっていうことで、マンガをまとめ買いされたりとか。あとは絵本やドリルとかですね。大人の方は長編小説とか。

佐藤　なるほど。

長崎　スタッフの安全もありますし、お客さんが本を選んでるときに書棚が倒れてきたら大変だし、とにかく無理はしないようにしようと思ってました。復旧作業しながら、意外に数日中には開けられるかもっていう目処《めど》がついてきたので、お客さんとスタッフが危なくない範囲で入店できるスペースを区切って。

佐藤　そもそも長崎書店さんは2店舗あるんですよね。

長崎　そうです。明治7年にこの長崎次郎書店がオープンして。その15年後に、ちょっと離れたところで長崎書店という支店を出したんですよ。長崎次郎書店が本店で、長崎書店が支店という2店舗体制でしたが、戦後には別々の経営になりました。それ以来、親戚同士それぞれ経営してたカタチです。

佐藤　長崎書店っていう名前は残って。

長崎　そうです。私は長崎書店の4代目として15

ワンマン
B
1353

年前に帰ってきたんですけど。平成25年に事情があって長崎次郎書店が休業状態となり、のれんを引き継ぎました。いまは2店舗経営しているような状況ですね。

佐藤　15年前に帰ってこられるまでは何をしておられたんですか？

長崎　東京で大学に行ってました。いま、書店って経営的にどこも厳しくて。十数年前、県外資本の大型店の進出やネット書店の台頭があって、うちも売上がどんどん落ちていました。このままだと家業の継続が危ういと感じて、大学を中退して帰ってきたのが15年前。それからずっと熊本です。

――目の前を走っていく路面電車――

佐藤　どのくらいの頻度で通るんですか？

長崎　10分に1本くらいですね。

佐藤　けっこう通るんですね。

長崎　ここのカーブがおもしろくて。電車が好きな方はよくこの曲がり角で三脚立てて、写真を撮られてます。

佐藤　1日ここに座ってる人とかもいそうですね。

長崎　実際いらっしゃいますよ。

佐藤　このあたりはいわゆる町の中心地になるんですか？

長崎　もともとは、江戸時代に加藤清正《かとうきよまさ》が熊本城の城内町として作った町で。武士と町人を一緒に住まわせて、すごく繁盛した町だったらしいです。

佐藤　へぇ〜。

長崎　明治以降は町の中心が移ってしまって、いまはどちらかというと少し寂しい。

佐藤　でも風情のあるエリアですよね。

長崎　ええ。すぐそこにすごく大きい駄菓子屋さんがあったりして。昔のおもちゃや駄菓子をたくさん売ってたり。

佐藤　熊本には町の小さな書店って、たくさんあるんですか？

長崎　チェーン店の割合が増えました。地場の書店はほとんどなくなりましたね。

佐藤　続けるってとても大変ですよね。

長崎　そうですね。熊本に帰る前、青山《あおやま》学院大学に通ってたんですけど、目の前に青山ブックセンターがありまして。

佐藤　ありますね。

長崎　ファッションとかデザインとか、やたら専門的な本に強くて。ワクワクして通ってたんですよ。

佐藤　へえ〜。そんな書店を熊本でもやろうと。

長崎　そうなんです。でももちろん、町の人たちの生活に寄り添うカタチでないと続けられないとは思うんですけど、東京にはいろんな専門ジャンルの本屋さんがあるし、差別化された本屋さんもあるので。そういうものを手本にして、お店のリニューアルをできないかなって考えて。

佐藤　実際すごいセレクトというか、あまり見ないような本がたくさんありますよね。そういう情報はスタッフさんが見つけてこられるんですか？

長崎　うちのスタッフ、本当に本が好きな人ばっかりで。熊本では取り扱いがなかった本などもスタッフが旅行したときに見つけて。「社長、取り扱っていいですか」って持ってきてくれたりして、「ぜひやろうよ」って。

佐藤　熊本城の石垣のメッセージのアイデアもすごく素敵でした。

長崎　佐藤さんにも書いていただいて、担当スタッフがとても喜んでました。

佐藤　もう一種のアートですよね。もっともっと広まってどんどん大きくなったら、すごい素敵な空間になる。

KUMAMOTO JO

熊本城

熊本市中央区本丸 1-1
☎ 096-352-5900

長崎　熊本城の周辺は見られましたか？

佐藤　見せてもらいました。熊本の人たちはお城が崩れたことが実は一番ショックだったって、みなさんおっしゃっていて。

長崎　そうですね。地震の翌朝、夜が明けてヘリコプターの空撮映像をテレビで見て、崩れた塀や櫓《やぐら》、石垣を目の当たりにしたときのショックが大きすぎて。本当に涙が出ましたね。小さな頃からずっと見てるから。

佐藤　熊本の人たちにとっての熊本城って特別な感じがしますよね。

長崎　西南《せいなん》戦争でも落ちなかったっていう、いわゆる耐える象徴として誇りに思ってるところがあるのかも。絶対崩れないと信じていただけに、地震後の姿は衝撃的でした。

加藤《かとう》神社から見る熊本城の天守閣。平成28年4月に発生した熊本地震の被害は大きく、総修復に約20年の歳月と600億円以上の費用を要すると言われている。

KATO JINJA

加藤神社

熊本市中央区本丸 2-1　☎ 096-352-7316
授与所：8時～17時（行事により変動あり）

佐藤　それにしても、このあたりは雨が似合いますね。

長崎　そうですね。古い町なんで料亭がけっこうあるんですよ。でもそのうちの2軒が今回の地震で営業再開を断念されて。また昔からの老舗が減ってしまい、本当に残念です。料亭は熊本では数少ないので、多くの人がその閉店を惜しんでいます。

4月に起こった大きな地震は、熊本の町を大きく変化させつつあるようでした。立ち止まることも、進むことも、そのどちらをも後押しした今回の震災。それぞれの決断の裏にある思いにふれることが大切な気がした、長崎健一さんとのお話でした。

NAGASAKIJIROKISSASHITSU

長崎次郎喫茶室

熊本市中央区新町 4-1-19　2階
☎ 096-354-7973
営業時間：11時26分 ～ 18時26分
定休日：元日

NAGASAKIJIROSHOTEN

長崎次郎書店

熊本市中央区新町 4-1-19
☎ 096-326-4410
営業時間：11 時 ～ 19 時
定休日：元日・藤崎宮秋季例大祭当日

喫茶室を出た佐藤は、長崎さんに案内してもらって緋村剣心のモデル・河上彦斎の標木を見るために、歩いて数分の一新小学校前へ。そこにはたしかに、河上彦斎生誕の地と書かれた標木がありました。そもそもこの標木は、『るろうに剣心』の映画化をきっかけに発足した河上彦斎新町顕彰会が、平成26年7月に立てたもの。幕末四大人斬りとして知られる河上彦斎ですが、和歌の素養も深く、兵学校・有終館を設立するなど、文化人としての顔も持っていたそうです。

河上彦斎生誕の地

蜂楽饅頭《ほうらくまんじゅう》のコバルトアイス

佐藤　氷がフワフワ。これ、なんの味なんですか？　練乳？

お店の方　練乳がベースで、独自に蜂蜜のシロップを作ってるんですよ。それで割っています。夏のコバルトブルーの海をイメージして。

佐藤　ミルクなのに水色なのがびっくりですよね。美味《おい》しいです。フワフワ。

HOURAKU MANJUU

蜂楽饅頭 熊本上通店

熊本市中央区上通町 5-4
☎ 096-352-0380
営業時間：10時～19時
(売り切れ次第終了)
定休日：火曜日
＊かき氷は夏季限定
(5月中旬～10月中旬)

第2章

剣心と料理番

熊本市
KUMAMOTOSHI

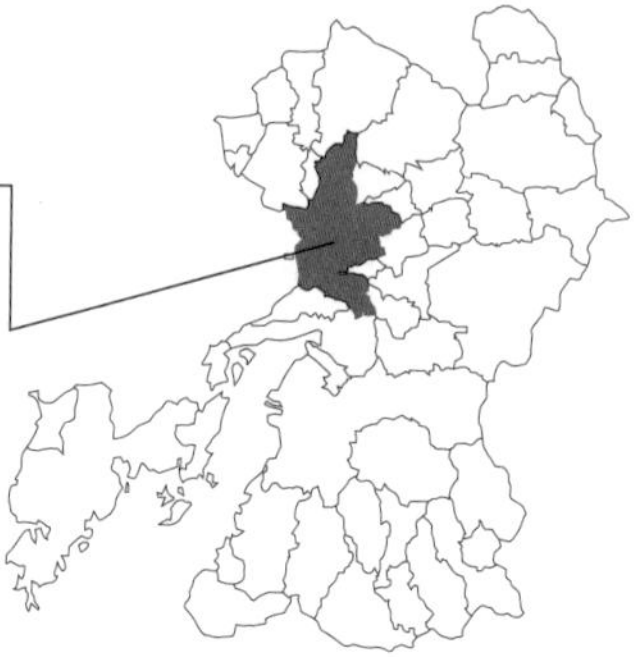

続いて佐藤が向かったのは、細川藩時代、職人町として栄えた熊本市南区川尻《かわしり》にある林昭三《はやししょうぞう》刃物工房。「嬉しい切味」と書かれたのれんをくぐると、鋼色に包まれた小さなスペースのなか、重厚な機械とともに林昭三さん（88歳）とお弟子さんの琉子雅昭《りゅうしまさあき》さん（30歳）が作業をしていらっしゃいました。3代続く鍛冶《かじ》屋の四男として生まれた林昭三さんは、川尻刃物で最もベテランの工芸師。型抜きによる大量生産の包丁が主流の現在にあって、林さんの包丁はその工程のほとんどが手づくりです。その手間ゆえ、3日で10本作るのが精一杯ながら、手打ちによる耐久性と切れ味のよさで、まさに「嬉しい切味」として知られています。軟らかな鉄に良質の〝鋼〟を挟み込んだものを、炉に入れて1000度まで熱し、それを手打ちで鍛え上げる川尻刃物。まずはその工程について伺いました。

林昭三
刃物工房

林昭三刃
357-9782
県指定伝統的工芸品
嬉しい切
手作り 林 昭三
在庫あります
伝統的工芸品
産業大賞受賞
植木鋏研ぎ
包丁研ぎ
鍬の柄替え
【此処で
出来ます】
(携)090-5477-6122
只今
営業中
です
冷房中

佐藤　初めてこういう現場を拝見するんですが、これはどういう作業をされているんですか？

林　簡単に言いますとね、まず軟らかい地鉄《じてつ》に硬い鋼を挟み込むんですね。そして、鍛接剤《たんせつざい》をちょっと振りかけて、1000度まで熱して、それを叩きつけているところです。これを割込み鍛造《たんぞう》と言います。最近は重油を使うところが多いんですよ。私たちは木炭かコークス（石炭を乾留して作られる燃料）を使う、昔ながらのやり方です。

佐藤　それってどこが違ってくるんですか？

林　木炭でないと炭素が逃げて質が落ちるんです。

佐藤　へえ〜。

林　鰻《うなぎ》でも炭で焼くのとガスコンロで焼くのでは味が違うでしょ。

佐藤　たしかに。包丁は1日に何本くらい作れるものですか？

林　だいたい10本作るのに3日はかかります。手間食うんで、いまは誰もしないです。世の中にあるのはほとんど量産品ですね。だからみなさん量産品と比べて「高い」ちゅうて買わんです。車は何百万円しても買うけど、包丁は1万円でも買わない。一生使えるよいものを作っても。だから好きでなかとできないですね。

佐藤　1日の作業時間はどれくらいなんですか？

林　だいたい朝の9時半くらいから、夕方5時くらいまで。夏は暑いんですよね。あまりやったら体がもたない。私もう米寿だから。

佐藤　お若いなあ……。うん？　あれは何ですか？

林　あれはね、藁《わら》。藁を燃やした灰の中に、（鋳造中の包丁を）3時間か4時間つっ込むんです。そうするとね、質がすごくよくなる。

佐藤　あの赤く焼けた状態のものを入れるんですか？

林　そう。火鉢ってあるでしょ。あれって藁の灰を入れてから、そこに木炭を入れて温まるでしょ。あんなふうに藁の灰は保温性があるわけですよね。藁の灰に入れてやると5時間か6時間かかってゆっくり冷えるんです。そうやってゆっくり冷やすことで刃をしっかり強くします。不思議です。刃が折れないんです。

佐藤　へえ～。折れないために藁の灰に入れるんですね。

林　鋼っていうのは硬いから、折れやすいのが当たり前。折れないようにするために、藁の中にあしてね。

佐藤　ここで作られる包丁はどこで買えるんですか？

林　くまもと工芸会館で。量があまりできないからあちこちには出してないです。最近は、日本の包丁はよく切れるからってヨーロッパあたりからも注文があります。量産すればいいんだけど、量産ができないもんで。本当は5〜6人で作ればだいぶできるんですけど、作る人がいないもんですから。後継者がいなくてね。

佐藤　（作業中の琉子さんを見て）いらっしゃるじゃないですか。

林　たったひとりですよ。

佐藤　ひとりでもいらっしゃるからよかったです。このあたりはもっと刃物屋さんがあったんですか？

林　10軒ほど。いまは2軒です。私の甥《おい》っ子が近くでやってます。

佐藤　そうですか。お弟子さんはなんで包丁を作ろうと思ったんですか？

琉子　作りたかったんです。ほんとそれだけなんです。

佐藤　小さい頃から好きだったんですか？

琉子　そうですね、男の子ってそうじゃないですか（笑）。

佐藤　刃物好きですよね。

林　これは完成品です。つるつるしてるんですよ。さわってみて。

佐藤　ほんとですね。

林　うちの包丁は錆《さ》びるって嫌われとるですけどね。お湯を通して拭けば錆びません。みんな、使ったらそのまま置くんですよ。その水分で錆びるんです。だからお湯を3秒通します。

――ポットのお湯を包丁にかける林さん――

林　そしたらこうやって熱くなる。さわってみてください。

佐藤　本当だ。熱い！

林　熱で消毒してさらに水が飛ぶ。水分が飛んだら鉄は酸化しないですね。

佐藤　なるほど。

林　それがコツなんです。お湯を使った消毒。使った最後にお湯を通せばいいです。

佐藤　あんな一瞬で飛ぶんですね。

林　一瞬で水分が飛んじゃう。それがコツなのに誰もしないんですね。ちょっと待ってください。

――新聞紙に包丁をあてる林さん。スーッと刃が下りていく――

佐藤　おお！　すごい。感動しますね。

林　この切れ味が1年間続く。正しく使うとうちの包丁は15年も20年ももつわけ。あんまり長くもつとね、生活できんですわ。

佐藤　新しいのを買ってくれないですもんね。

林　そういうところが欠点です。お客さんは喜ぶんですけどね。剪定鋏《せんていばさみ》でもなんでも、よいものは一生もつから売れなくて、潰れてしまうところが多い。だから、よいものを作っても難しい。

佐藤　そうですね。皮肉な話ですね。

林　それはちょっと考えないかんなと思って。あんまりよすぎて伝統的なものを作っても。ちょっと持ってみますか。

佐藤　はい。

林　包丁はバランスがあるんですよ。中心を握ると、ちょんちょんって切れるんです。中心を握ると安定して切れる。

佐藤　たしかにドラマ（『天皇の料理番』）のときも自然と中心を握ってましたね。

林　鉄の包丁の切れ味は非常に魅力があっと

ですよ。きれいに野菜が切れる。きれいに切れたほうが美味しいですね。だから鉄を使ったらステンレス製は使いたくないです。

佐藤　いまあまり鉄の包丁見ないですよね。ほとんどステンレスしか見ない。欲しくなっちゃいました。

HAYASHI SHOZO HAMONO KOBO

林昭三刃物工房

熊本市南区川尻 1-3-35
☎ 096-357-9782
営業時間：9時30分～16時30分
定休日：月曜日

Denkikan

明治44年（1911）、熊本で初めての活動写真常設館「電気館」としてオープンしたDenkikanは、大正3年の移設、平成7年のビル改築、さらに平成11年の改装を経て現在に至る映画館です。震災後、熊本市内で営業されている映画館はこちらだけだと聞いてやってきた佐藤健に、代表の窪寺《くぼでら》洋一《よういち》さん（47歳）がお話をしてくださいました。

佐藤　こちらはいつからある映画館なんですか？

窪寺　明治44年、西暦で言うと1911年、今年（平成28年）で105年経ってる映画館です。

佐藤　おお。

窪寺　一番最初はこの近くの芝居小屋を借りてはじめて。大正3年にこの場所に移ってきて、建物は4代目。僕も4代目になるんですけど、代々やってるという。

佐藤　4代目っていうのは、ずっと窪寺さんということですか？

窪寺　そうです。もともと曾祖父が弁士だったんですよね。100年前だから。

佐藤　弁士って、無声映画に生で吹き替えをする、あの弁士さんですか？

窪寺　そうです。いわゆる活動弁士ですね。それで曾祖父が全国を回っていたんですけど、熊本で

も常設の映画館を作りたいということで、ここに作ったそうです。

佐藤　Denkikanって名前がおもしろいですね。

窪寺　もともとは浅草《あさくさ》に電気館っていうのがあって、そこに倣《なら》って当時全国で70か所ぐらい電気館っていう名前がついたものがあったんです。

佐藤　いまでもほかに電気館っていう名前の映画館はあるんですか？

窪寺　うちと、群馬県の高崎《たかさき》に高崎電気館ってあるんですよ。そこぐらいですかね。

佐藤　震災の後、いま現在熊本市内で営業されてる映画館はここだけだと聞いたんですが。

窪寺　市内ではここだけしかやってないですね。

佐藤　被害はどうでしたか？

窪寺　亀裂とかはけっこう入ってましたね。なのでロビーもだいぶやり直してるんですよ。劇場内

Denkikan

熊本市中央区新市街 8-2
☎ 096-352-2121

も足場を組んでチェックして、かなり時間はかかりました。ただ映写機や音響関係が大丈夫だったんで、それが一番よかったですね。それがやられてたら大変だったと思うので。

佐藤　震災からはどれくらいで再開されたんですか？

窪寺　3週間休んで、2階の劇場から順番に開けていったんですよ。1週間ずつかけたので、5週間くらいかかったんですけど。その間映画館はどこもやってない状況だったので、なるべく早く日常に戻そうっていうことでやりました。

佐藤　熊本の映画好きの人たちにとっては大切な場所ですね。

窪寺　そうですね。ずっとずっとやってましたからね。

老舗
園田屋
朝鮮飴
元祖

COFFEE HOUSE
アロー
珈琲 アロー

KUMAMOTO CITY TRAM COCORO SINCE 2014
COCORO
KUMAMOTO CITY TRAM
KCT

第3章 肥後のあか牛

産山村

UBUYAMAMURA

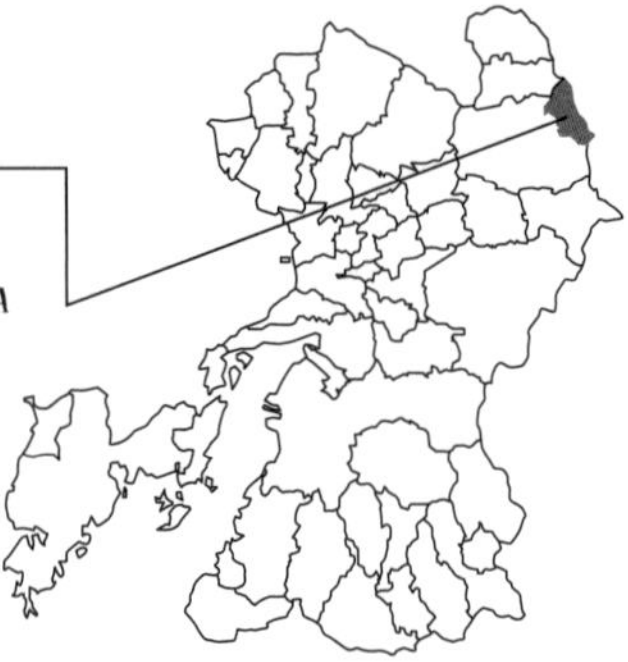

熊本市から車で約1時間半の距離にある産山《うぶやま》村は、熊本県北東端、大分県との県境に位置し、環境省選定名水百選のひとつ「池山《いけやま》水源」や、熊本名水百選である「山吹《やまぶき》水源」など、豊かな湧水と広大な原野に恵まれた自然豊かな土地。日本列島が大陸と陸続きだったことを証明する遺存植物として、いまでは環境省も絶滅危惧種に指定しているほど希少な花「ヒゴタイ」が多く自生する村としても有名です。

そんな産山村の大自然のなか、のびのびと育てられる肥後のあか牛は、良質でほどよい脂肪のあか身肉のうまさが人気で、いまやなかなか口にすることができないほどです。和牛本来の味と香りを持つ肥後のあか牛を自家牧場で丁寧に育て、さらには、そのお肉を里山の山菜料理とともにいただけるという農家レストランがあると聞いて、やってきました。民宿・農家レストラン 山《やま》の里《さと》の、井《い》さんご家族、井ゆいさん（65歳）、井ゆりさん（34歳）、井俊介《しゅんすけ》さん（35歳）にお話を伺います。

民宿・農家レストラン
山の里

123

佐藤　肥後のあか牛っていうのは昔から有名なものなんですか？

ゆい　そうです。熊本と言ったら肥後のあか牛。でも、いまは幻のあか牛って言われるぐらい少ないんです。いままで黒牛が高く売れたもんだから、みんな黒牛に替えてしまって。こだわってる農家さんはあかを育ててますけどね。

佐藤　こちらのレストランは、ゆいさんのご主人がはじめられたんですよね。

ゆい　ええそうです。40数年前に主人の父の兄弟、従兄弟《いとこ》、親戚一同集まって、10軒くらいで民宿村を立ち上げたんです。で、民宿のお料理が郷土料理、山菜料理ばっかりだったので、牛のステーキを入れたらどうかなって考えたのが主人で、それが25年前。

佐藤　さらに育てるところからやろうっていう発想になるのがすごいですね。

ゆい　その当時は全然なかったもんでね。だから見よう見まねでね。近所のお肉屋さんを雇って、どういうふうにして切ればいいかとか、自分たちで先生を探して。一生懸命やってる頃は、何がなんだかわからんけねえ。いま思えば楽しかったですよ。

佐藤　地震の後はお客さんどうですか？

ゆい　少しずつ戻ってきましたけど、ずいぶん少なくなりました。今日は定休日なんですけど、お休みを知らない人がふらっと見えます。地震の後はお客さんが少ないので、今日でないといけない

阿蘇
あか牛
肉料理取扱店
阿蘇
あか牛
肉料理認定店
認定証

ってお客さんもいると思うので開けておこうかって。

佐藤　そうですか……。そもそもご主人があか牛を選んだのはどうしてなんですか？

ゆい　あか牛は性格が温厚なんですよ。放牧にも向いたりね。

俊介　和牛って言われるのは、ほとんどが黒毛和牛なんです。あとあか牛とさらに2種類あるんですけど、頭数が少ないので黒毛和牛イコール和牛っていうふうになってるんですね。テレビでもなんでも、柔らかくて美味しいっていうことで、黒毛和牛のサシをずーっと求められていて、赤身は固いイコール美味しくないっていう風潮になってしまっているんです。だけど実際に僕らがこうやって牛に携わってると、疑問を感じるところもあって。結局牛は草食動物なんです。草を食べる動物なのに、トウモロコシとかの穀物ばっかり食べてると、脂はつくんだけど本当に健康なのかな？　とか。草食動物である牛は草で作るっていう基本理念をこのあたりの農家さんはみんな持ってらっしゃって。しっかりいい牧草を作って、そのいい草を与えて、草で育てるっていう考え方なんですね。

ゆい　昔からのね。

佐藤　自然の摂理に従ってるんですね。じゃあ、そういう環境だからこそ、お父さんはここで畜産をやるべきだって思ったんですね。そのなかでもあか牛を。

俊介　黒毛和牛の技術が発達したのは、日本の狭い国土で草がないなか、輸入穀物とかでも育てられるように進化していったからなんです。でも牛にとっては草が本来の食べ物だと思うので、ここ

ではそれをしっかりと。

佐藤　ここの環境はそれができるんですもんね。

俊介　草の量イコール牛の数になってしまうんで、１０００頭増やしてくれって言われても、草がとれないんで大量生産はできないんです。

佐藤　なるほど。

俊介　だから僕らは技術の進歩にはそぐわないかもしれないです。このあたりの地域の特色を活かしたやり方で。

佐藤　そういう諸先輩方がいるっていうことですね。このあたりであか牛を育てていらっしゃる方は、みんなそういう思いでされてるんですね。

俊介　そうですね。

佐藤　俊介さんは、ゆいさんの息子さんじゃなくて、お婿さんでしたっけ？

ゆい　お婿さん。

佐藤　じゃあ俊介さんは、もともと牛に携わってたわけではない？

俊介　ゆりと結婚して、ここに跡継ぎがおらんぞっていう話になって。

佐藤　不安じゃなかったですか？

俊介　う〜ん、不安よりも、米作るだけ、牛育てるだけの仕事の農家さんじゃなくて、ここまでお店があって、お客さんとお話もできるっていうのはものすごいやりがいのある仕事だなと。

佐藤　米づくりとか牛を育てることには興味があったってことですか？

俊介　僕は前、新聞社にいたんですよ。

佐藤　え－？

俊介　印刷の現場で、夜の9時から朝の5時まで昼夜逆転の仕事で生活していて。

佐藤　全然違う世界で不安はなかったですか？

俊介　ここはけっこう若い人が帰ってきていて。よく言われてたのが、下手に農業高校とか行ってなくて、何も知らないまま来たっていうのはいろんな考え方ができるんでいいと思うよって。その一言だけでも救われましたね。

佐藤　どなたに言われたんですか？

俊介　この村の若い人もそうですし、おじいさんおばあさんからも。それを聞いて、のびのび肩肘張らずにできるかなと。

佐藤　ちなみに、今日はお父さんが買い付けに行かれてるって聞いたんですが、何を買いに行かれてるんですか？　子牛ですか？

ゆい　そう。肥育の素牛《もとうし》って言うんですけど。

俊介　10か月くらいの。毎月1回、市場が開かれるんです。

佐藤　素牛はどこで育てられてるんですか？

俊介　阿蘇《あそ》の農家さんだったり、熊本県内ですね。牛の市場にかけられる子牛は繁殖農家さんが、お母さん牛に子どもを産ませて10か月で市場に持って行くんです。それを肥育屋さんが買って肉牛にする。うちは肥育がメインですけど、お母さん牛もちょっとずつ増やしていってるところなんです。

ゆい　繁殖をやると、とても勉強になるんですよ。赤ちゃんから育てるのはね。

俊介　僕がこっちに来て、獣医さんに種付けをお願いして生まれた牛が肉になったのも何頭かおるんで。そういうのをひとつひとつ見ていくと、「今回の牛は大きく育ったな」とか「今回のが小さかったのはなんでだろう？」とか、いろいろ考えることがあるので。

佐藤　繁殖は最近はじめられたんですか？

俊介　6年前ぐらいですね。

佐藤　俊介さんが来てから？

ゆい　来る前に主人が準備してました。畜産の勉強をするためにこれが一番いいって。前もって買っておいて。

佐藤　俊介さんが来ることがわかってたから？

ゆい　そうそう。来てから買ってたら間に合わないから、5～6頭。

佐藤　へえー。お父さんの期待が伝わりますね。

――あか牛のステーキを持って、娘のゆりさんが登場――

ゆり　お待たせしました！　焼きあがりましたよ。熱いので気をつけてください。軽くお塩とコショウがかかっているだけなので、ぜひ最初はそのまま召し上がってみてください。

佐藤　はい。いただきます！

ゆり　このタレはお酢と地元のお醤油《しょうゆ》を使って

るポン酢ベースのタレなので、すごくさっぱりしてます。こっちは熊本の天草《あまくさ》の海水を天日干しして作ってる天然塩です。最初はそのまま召し上がっていただいて、次は塩で。

佐藤　最後にタレですね。

ゆり　はい。あと、我が家で育てているお米です。ごはんのお代わりもできますので、必要なときに言ってください。

佐藤　ありがとうございます！　いただきます。……うん、美味しい！　美味しいです。

ゆり　ありがとうございます！　育てがいがあります。

佐藤　育てた環境を見てからいただくと、また違いますね。ほんとにありがたい。

俊介　さっきの牧草地で刈り取った草をしっかり食べさせて、美味しい肉づくりをしてます。ナスとか野菜は今朝、子どもたちがばあちゃん（ゆいさん）と一緒に採ってきたんです。

佐藤　野菜もすごい美味しいです。

ゆり　すぐそこに畑があって、いまは夏休みなので毎日採りに行ってます。サラダは普段は出してないんですけど、野菜がたくさん採れたので。この時期は品数が増えるんです。

佐藤　ひょっとしてお味噌《みそ》汁のお味噌も手づくりですか？

ゆい　そう。山のお水も美味しいよ。カルキもなんも入らんで。自分たちが飲む水だからよかっちゅって。

佐藤　いやぁほんと美味しかった！　ごちそうさまでした！　食べたな〜。このまま寝てしまいそう。

ゆり　実際に寝られる方もおられますよ。いなく

なったと思ったらみなさん寝てて（笑）。

佐藤　やっぱり普段食べてる牛と違いますね。くどくないというか。サラッと胃に入っちゃいますね。量を食べてももたれない感じがしました。

ゆい　女性の方も、最初見たときは食べきれないよって思うんだけど、いつの間にか。

佐藤　ほんとそうですよね。食べられるし、ふつうはあの量だとちょっと飽きちゃったりしますよね。それがまったくなかったです。ごちそうさまでした。

YAMANOSATO

民宿・農家レストラン 山の里

阿蘇郡産山村大字田尻202
☎0967-25-2253
営業時間：11時～15時 / 18時～21時
定休日：水曜日
12月は夜営業休み
冬季１月～２月は火曜日・水曜日定休

池山水源

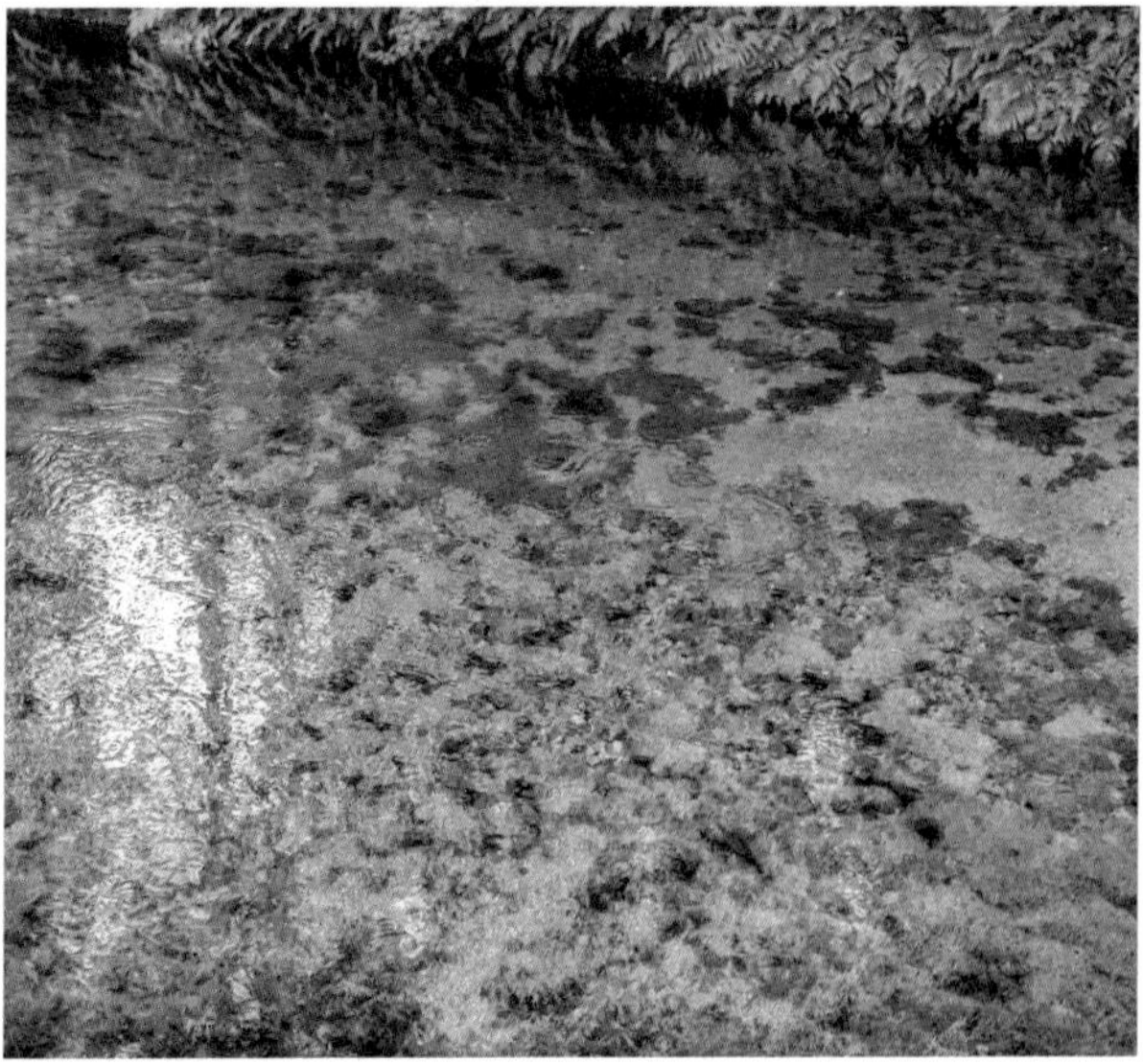

環境省選定名水百選に選ばれ、毎分約30トンという豊富な湧水量を誇る。ミネラルが多く飲用に最適で、昔から地域の人々の貴重な飲み水、農業用水として利用されている。都会にはない静けさと水の美しさに、県外から訪れる人も多い。

IKEYAMA SUIGEN

池山水源

阿蘇郡産山村田尻 14-1
☎ 0967-25-2211（産山村役場企画振興課）

西湯浦園地《にしゆのうらえんち》展望所《てんぼうしょ》

阿蘇カルデラの北外輪山《きたがいりんざん》にあり、阿蘇谷《あそだに》、米塚《こめづか》、阿蘇五岳を一望できる展望所。阿蘇ならではのダイナミックな景観を満喫できる。

NISHIYUNOURA ENCHI TENBOUSHO

西湯浦園地展望所

阿蘇市西湯浦 1452　☎ 0967-22-3174（阿蘇市観光課）

第4章

阿蘇神社へ

阿蘇市

ASOSHI

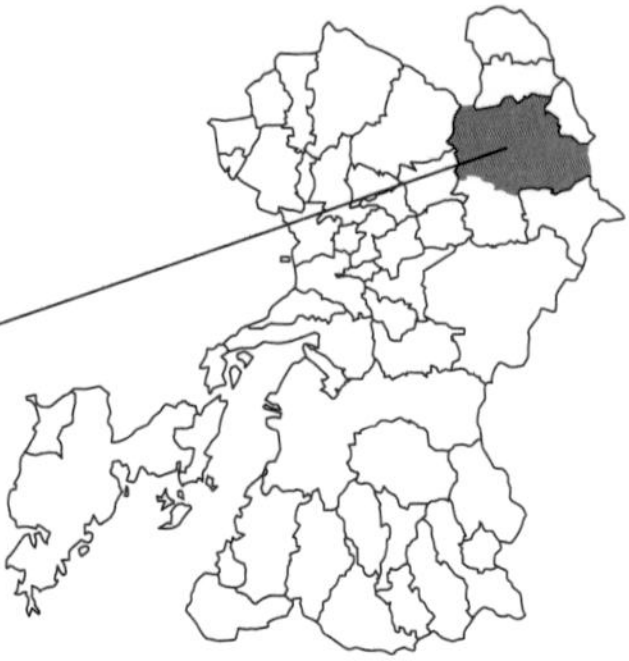

熊本城と同様に、地元の人々にとって大切な心のよりどころでもあった阿蘇神社《あそじんじゃ》は、阿蘇開拓の神を祀《まつ》る神社として紀元前２８２年に創建されたと伝わる、約２３００年の歴史を持つ神社です。その象徴とも言える楼門が地震によって倒壊した姿は、熊本城の姿とともに衝撃をもって全国に報道されました。その現状を自らの目で確認すべく、阿蘇神社を訪れた佐藤健。いたるところに見られる地震の爪痕に言葉をなくしながらも、まずは地震で倒壊してしまった拝殿の代わりに建てられた拝礼所からお参りをします。

地震が起きた4月14日と16日、両日ともこの神社にいらっしゃったという、権禰宜《ごんねぎ》の内村泰彰《うちむらひろあき》さん（38歳）が、震災当日のお話をしてくださいました。

阿蘇神社

内村　ご存じのとおり、4月14日と16日に大きな地震の被害を受けまして、残念ながらこのような状況になっておりますが、実は14日はまったく影響がありませんでした。14日の夜、私は当直をしておりましたが、「揺れたな」というぐらいで。ここは幸いなんともなかったので、「これぐらいで済んでよかったな」と安心をしておりましたら、まさかの16日。15日はほかの被災した神社の情報収集を行い、16日から支援に出る予定で自宅で寝ておりましたら、気づいたときにはものすごい揺れで。起きた瞬間、正直この世の終わりかと思うぐらい激しい揺れでした。地震が起きた瞬間、神社がただごとではないと直感しましたので、すぐ車に乗り神社へ向かいました。通常であればこの楼門というのは非常に高うございます。高さが18メートルありますので、どこからでも見渡せるよ

うなものなんですね。当日のその時間帯（16日午前1時半過ぎ）は停電しておりましたので、真っ暗な状態ではあったんですけれども、それでも何かしらのフォルムがいつもは見えるんですけど、全然見えなかったんですね。境内は倒れた玉垣等が散乱していましたので、それを押し避《よ》けながら入って行って。車のライトで照らしてみたらもう、ぐしゃっとなっていたので。正直言葉にもならないような惨状で、立ち尽くしてしまいました。いまでもあのときの気持ちを思い出すだけで本当に辛いです。あたりがガス臭かったので、その確認をしたり、みなさんが避難されるための道をあけたりとか、そういうことをしている間にも地震がくるわけです。本震がここは震度6弱だったんですけれども、その後も強い揺れがずっと続き不安ななか、夜が明けるまで車の中でじっと待ちまし

た。明るくなると楼門倒壊を聞きつけた人が集まってきて、来る人来る人みなさん泣かれるんですね。その姿を見たときに、本当に何も言えませんでした。まさかこの阿蘇神社がこういう惨状になるなんて思いもしませんでしたし。地震から数か月が経ち、最近はあまりそういう情報が流れなくなってしまったので、少し忘れがちになられてるかもしれませんが、楼門も拝殿も、まだ倒れたまま手付かずの状態です。震災前に比べると、みなさんお参りする時間がすごく長くてですね。復興を願っているのが大きいと思うんですけど。いままで我々が感じていた以上に、あらためて地域にとってこの神社がどういう立ち位置にあるのか、今回の地震をとおしてまざまざと感じることができました。あと不幸中の幸いだったのは、夜中の地震ということでした。16日の未明だったので、幸いこの神社に誰もいなかったんですね。これが12時間違ったら、土曜日のお昼だったので恐らくお参りの方がたくさんいらっしゃったと思います。境内で誰も怪我することなく、地震を乗りきれたっていうのは本当にありがたかったなと。また氏子さんが「阿蘇神社さんが身代わりになって地域の人を守ってくれたから、これぐらいで済みました」って言って、お参りに来てくださるんですよね。被災されているにもかかわらず出たその言葉は、本当にありがたかったです。我々もどうにかして復旧しなければいけないなと思って、取り組んでいるところです。復旧には多くの時間と費用を要しますが、みなさんのお気持ちがありますので、なんとか頑張って乗りきれるのではないかなと思っております。

そこまで一気にお話ししてくださった内村さんは、さらに「よければ境内を回りながらご説明させていただければと思いますので、こちらへどうぞ」と、案内してくださいました。

佐藤　ここ（仮のお祓《はら》い所）は震災があってから建てられたんですよね？

内村　そうです。6月の中旬から取りかかり、実際に建てはじめてからは2週間くらいで出来上がりました。

佐藤　いまの技術ってすごいですね。

内村　我々も新しい建物を見るのは新鮮で、いまはここですべてのお祀りをさせていただいています。子どもさんが生まれてお宮参りとか、厄祓いとかを行うんですが、ここができる前は仮のテントだったんです。雨が降ったら雨漏りするなかや

ってましたので、祈願の方々にはものすごく申し訳なかったですけど、多くの方のご協力で立派な建物を建てることができました。

――少し移動すると、倒壊した建物が――

内村　ここがもともとお祓いをしてた場所です。拝殿は見通しをよくするために壁が少ないんですね。壁が少ないということで横揺れに弱かったようです。今回の地震は、まず大きな突き上げがきました。柱の下が石に埋まってる部分があるんですね。それが抜けたようでして。刺さってるところが抜けて、刺さったところに戻らない状態からの横揺れで、倒壊してしまったもようです。

佐藤　人がいない時間で本当によかったですね。

内村　そうなんです。見てのとおりの状態なので。

もう少し進んでいただきますと、こちらの建物、ここから見ていただくとわかるように、あそこに隙間が空いているんですね。

佐藤　はい、空いてますね。

内村　あれは扉がやられてしまった分ですね。扉が開かなくなったり閉まらなくなったりするんです。実は、この建物は神様をお祀りしている神殿と言われる建物でいわば神社でもっとも重要な建物なんですね。当神社には神殿が3つございます。「品」の字のように、左、右、真ん中の順番に神様をお祀りしているんですね。全部で12柱の神様をお祀りしております。おかげですべての建物の崩壊は免れましたが、このようにすべての建物が損害を受けているので、修復は必要であります。

佐藤　本殿は立派に残ってるように見えたんですけど、下を見ると……。

内村　そうです。見た目以上に被害は大きく、中の扉が落ちてたり、扉が開かないとかっていうのは3棟すべてですね。私も見た瞬間は大丈夫そうでよかったと思ったんですけど、細かく調査していくとただでは済んでいないっていうのが現実です。

佐藤　あの建物とかも、まだ安心できない状態ですよね。

内村　そうですね。いつ倒れるかわからないですね。楼門と拝殿は隣合わせなんですけど、こっちは自費、こっちは公費が入るっていうようにまた全然違うんですね。

佐藤　っていうのは？

内村　楼門と神殿は江戸時代の終わり頃に建てられた古い建物ですが、拝殿は昭和23年に建て替えられました。なので、国の重要文化財に指定されているのは神殿（3棟）と楼門と、両脇の2門。合計6棟だけなんですね。拝殿は昭和の建造ということもあり、文化財の指定がないんです。何が違うかというと、文化財に指定されているものは行政からの補助が受けられる。指定されていないものに関しては補助が受けられないんです。

佐藤　あーなるほど。

内村　今回の地震の大きな問題として、県内で被害を受けた神社仏閣の建物のほとんどが文化財の指定を受けていません。つまり自費で再建を行わなければなりません。ですが、被害の激しいところに限って地域の方々も被害を受けているんで、結局やりくりができないような状況で。

佐藤　そうか。それにまずはそれぞれの生活を戻さなければいけないだろうし、そうなると、なかなか難しい問題ですね。

祈願者以外
立入禁止
阿蘇神社

内村　そうなんです。そこが非常に苦しいものがあります。これが楼門の2階部分です。

佐藤　あ〜、これが……。

内村　屋根が二重になっているのが特徴的な門です。高さが18メートル。目の前のこれが2階部分の屋根なんですけど、あらためてこんなに大きな門だったんだなと感じております。しかし、倒れている姿を見るのは胸が痛いですね。

佐藤　18メートルというと、この横の松くらいの高さはあったということですか？

内村　この松で十数メートルだと思いますので、もっと高いですね。足が12脚。つまり12の柱で支えていましたけど、拝殿と同じように横壁が少ないんですね。2階部分もそうとう重量があるので、さすがに耐えられなかったのでしょう。建物が建ってからはこれほどの被害はなかったので、正直最初はみんな、どう動いていいのか。誰でもそうですが、非常時って何したらいいのかわからないもんだなって。ただそんななかでも、地域の方々がいち早く動かれて。全国の方々からもいち早く支援物資を送っていただいたりとか。（災難が）我が身に降りかかって、支援していただく気持ちっていうのが初めてわかりました。いままでは対岸の火事じゃないけれど、あまりにも自分たちの身近に地震がなかったので、いつ何時《なんどき》、自分の身に降りかかるか、備えはしておかなきゃいけないなって。

佐藤　本当に。

内村　特にこの楼門に関してはとりわけ地域の方々の思いのつまった建物でしたから、そういうものがなくなるっていうのが……。

佐藤　熊本城の石垣のように。

内村　そうですね。思いがつまったものがなくなるっていうのは、言葉にならないですね。まあ、わるいことばかりじゃないですし。どっちかというと、みんな元気にやっていますので。災害といえば、平成16年に台風18号の大きな被害を受けて、楼門の屋根が飛んで。銅板を葺《ふ》き替えました。平成19年に出来上がったので、まだ10年経ってないんです。平成24年には九州北部豪雨災害を受けまして。その後には火山の災害がありましたので、とにかく災害続きで。地域の人もそうとう滅入ってると思いますので、これからどうすればいいのかなと思っていたら、意外と地域の人が元気で。乗りきれればなんとかなるかぐらいで明るいんですよね。我々もそれに助けられてるところが非常にあります。

佐藤　そうですか。そこは心強いですね。

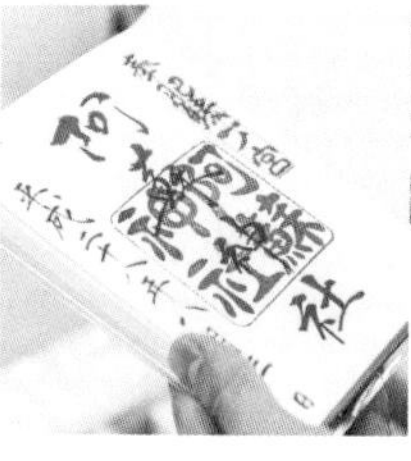

ASO JINJA

阿蘇神社

阿蘇市一の宮町宮地 3083-1
☎ 0967-22-0064
御札所：9時～17時

阿蘇神社、南の鳥居すぐ横。あんこが詰まったドーム型の万十（黒あん・白あん）が人気のお店「たしろや」

TASHIROYA

たしろや

阿蘇市一の宮町宮地 3054
☎ 0967-22-3088
営業時間：9 時～ 17 時
定休日：月曜日

上色見《かみしきみ》熊野座神社《くまのざじんじゃ》

杉木立のなか、100基近い灯籠が並ぶ参道を抜けていくと社殿が見えてくる。社殿の後方には、阿蘇の大神の従者が大神の逆鱗に触れ、逃げるときに蹴破ったとされる「穿《うげ》戸《と》磐《いわ》」と呼ばれる風穴がある。また、社紋として受け継がれている「梛《なぎ》の葉」は、結ばれたご縁が途絶えない、反故《ほご》にならないという意味を持つとされている。

KAMISHIKIMI KUMANOZA JINJA

上色見熊野座神社

阿蘇郡高森町上色見 2619
☎ 0967-62-1111
（高森町政策推進課）

第5章 シフォンが資本

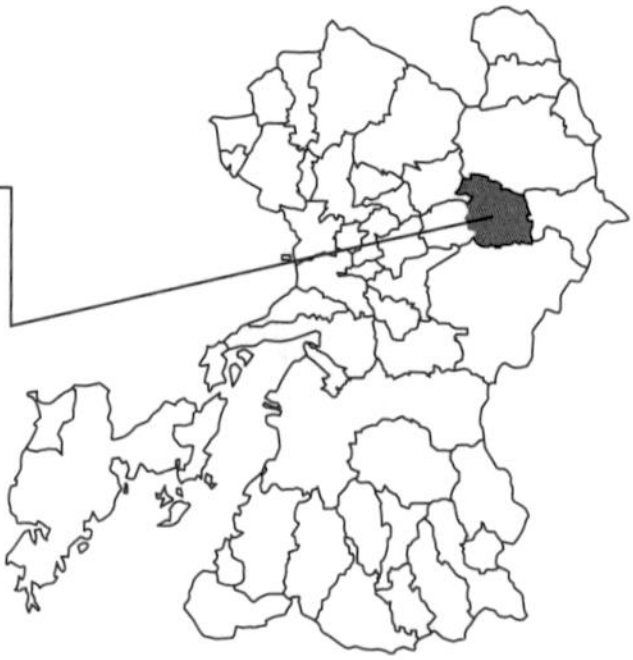

南阿蘇村

MINAMIASOMURA

地震で甚大な被害を受けた南阿蘇《みなみあそ》村で自身も被災していながら、地元の人が集まり元気になれる場所をと、震災後約1か月で営業を再開した1軒のカフェがあると聞いてやってきた佐藤健。なんとそこは、昭和3年に建設された南阿蘇鉄道の無人駅、長陽《ちょうよう》駅の駅舎でした。地元食材を使ったシフォンケーキが人気のこのお店の店主は、久永《ひさなが》操《そう》さん（35歳）。ひょうひょうとした人柄の奥に見えてくる熱い思いに佐藤もとても感動した様子。気持ちのよい空の下、実にのどかな駅舎の中で、のんびりお話を伺いました。

久永屋《ひさながや》

佐藤　ここはいつからあるんですか?
久永　平成18年だから10年前ですね。
佐藤　そもそも駅でカフェって、なんでこういうことができたんですか?
久永　同じ南鉄（南阿蘇鉄道）の中松《なかまつ》駅の駅舎の中に、いまはもう閉めてるんですが土日限定のおそば屋さんがあって、僕の同級生のお父さんがしていたんですよ。その方のアドバイスがあったからできたんです。まさか駅が借りられるとは思わないですよね。
佐藤　そうですね。
久永　大学出たばかりの世間知らずの若造で、ちょうど25歳くらいでした。その方に借金しないでちょこちょこやりなさいって言われて、シフォンケーキの販売からはじめたんですけど、まずは、製造と営業の許可だけとって、内装とかも全部自

分たちでやりました。漆喰《しっくい》を塗ったりとか。

佐藤　自分たちっていうのは？

久永　近所の人たちとか。そのときにいろんなご縁ができて。村の人と仲良くなって。いま考えればその時間がすごく大切だったなと思います。

佐藤　たしかに業者さんに頼んだりするのとは違いますよね。

久永　そうなんです。村の人とはなかなか仲良くなれなかったと思うんです。やっぱり村のやり方というか、そういうのを自然と教えてもらってたというか。業者に頼まなかったから結局2年間くらいかかったのかな。

佐藤　だけどなんでシフォンケーキなんですか？

久永　兄が静岡で天然酵母のパン屋をやってるんですけど、大学の夏休みに手伝いに行って。そこで初めてシフォンケーキの作り方を教えてもらっ

て、それで好きになって。

佐藤　そうなんだ。やっぱり食べに来てくれるのは、熊本市内のお客さんが多いですか？

久永　基本的にはそうですね。でも地元の人でも田植えの途中で来てくださったりとか、子どもたちも来てくれますし。とにかく村の人がものすごく温かいんです。赤飯ができたからって持ってきてくれたり。昔の日本があるっていうか。

佐藤　いいなあ。切符売ったりとか駅の業務もやるんですか？

久永　ここは切符がないんですけど、最近は外国人の方とかも多いので道案内ですかね。乗り継ぎはこうなってますよとか。

佐藤　もともと生まれはどこですか？

久永　佐賀県です。なのでよさが僕も身に沁《し》みてわかるというか。佐賀もけっこう田舎ですけど、

僕は街のほうに住んでたので。さすがにこういう景色はなかったですね。

佐藤　じゃあいつから南阿蘇に?

久永　平成17年からですね。

佐藤　どうしてこっちに来たんですか?

久永　両親が先に移り住んでたこともあって、実家がいつの間にか佐賀から阿蘇に(笑)。僕はしばらく東京の荒川《あらかわ》区に住んでたんですけど、あくせくしてるのが全然合わなくて、体調も崩しちゃったりして、しばらくこっちに帰ってきなさいって言われてここに。あのときは友だちとかにも「お前、大丈夫か?」って言われたりして辛《つら》い時期でしたね。もともと高校2年から9年間、アメリカのシアトルとかオレゴンに留学してたんですよ。そういうすごい自然のなかで育ったのに、急に東京の生活になってついていけなかったんです。

健さんはどこ出身ですか？

佐藤　埼玉です。

久永　そうですか。僕も若い頃は東京で仕事するのがいいって思ってたんですけど、実際にやってみると合わなかったですね。

佐藤　東京で仕事したいと思ってたことがあるんですね。

＊

佐藤　地震のときはこのあたりは特に大変でしたよね。

久永　めちゃくちゃでしたね。駅が残っているのが奇跡というか。このへんだけは地盤が固くて。本当にこの一帯だけが被害が少なくて。下のほうは家が崩れてしまったり、お味噌屋さんの重たい壺《つぼ》が倒れてしまったり。上のほうに行くと排水が流れてきて、肝心なところから水が出なくて。だから2か月くらい水がなかったですね。出ても最初は泥水で。なので水を運んであげる作業というか、湧き水が出てるところがあるんで、そういうところから運搬して。電気よりも何よりも、水がないのがとにかく心配で。保育園も水が出ないのに子どもたちが避難する場所が必要なので開放してたんですね。でもトイレの水も使えないから、水を汲《く》んで持って行ったりして。そんなときにここも避難所みたいな場所になって。でも本当に村の人たちって協力体制が出来上がってるので自立して炊き出しして、自分たちで寝るところを作って。お米とかもあったんで、支援物資に頼らないでこられたんです。

佐藤　震災以降、列車は止まってるんですよね。

久永　そうです。

佐藤　復旧の目処はあるんですか？

久永　中松駅までは決まってるんですけど。中松からこっちは10か所くらい直さなきゃいけないところがあって。途中、陸橋があるんですよ。そこにひびが入ってて、列車を毎日走らせるにはちゃんと検査をしないといけないんです。それには時間がかかって。でもここ（長陽駅）まではなんとか走らせるようにしたいってみなさん前向きに考えてくれていて、村のみんなも一致団結してます。

佐藤　時間はかかってもぜひ復活してほしいですね。

久永　はい。必ず復活させたいと思います。村の人たちも朝6時の列車で起きて、（この路線の運行が）生活の一部になってるんですよ。元気の一部でもあったんです。だから本当にみなさん寂しがってますよ。どうでもいいっていう人は聞いたことがない。

佐藤　そうですよね。

久永　またいいんですよ。この景色のなか1両の列車が走るのが。

佐藤　見てみたい。

久永　最初にここを見に来たのが、ちょうどいまぐらいの季節で、稲穂が風を受けてすごいきれいで。ホームに入ってくるまではこの景色はわからなくて、入ってきたとたん、この景色が広がって。もうこの景色に魅せられたというか。こんな景色のなかで店ができたら、どんなに幸せだろうって。

佐藤　本当ですよね。こんな景色を見ながら食べられるってすごくいい。季節によって風景も変わりそうですね。

久永　そうですね。秋は色が変わって、冬は田に水を張るんでそれもきれいですね。1年中楽しめます。

佐藤　この田んぼは誰のもの

なんですか？

久永　それぞれオーナーが違うんです。農薬を使わないで育ててるので草もぼうぼうに生えちゃうんですけど、毎日っていうくらい草刈りして、みんなちゃんと手入れしてるし。絶品のお米が出来上がります。どのお米食べても美味しい。

久永　かき氷お待たせしました〜。味が何かわからない、シークレットかき氷です。食べて当ててみてください。

佐藤　（色を見て）スイカかな。（一口食べて）……ん？　スイカじゃない。……梅？　紫蘇《しそ》だ！

久永　正解！

久永　よかったらこのうちわにメッセージ書いてください。いやあ、店やっててよかった〜！

佐藤　こちらこそよかったです。でも10年店を続けるってすごいことですね。

久永　とにかくがむしゃらにやってただけで。最初は店開けてもなかったようなもんなんで、熊本の方でもご存じない方がたくさんいるし。なのでもう毎日毎日を一生懸命やってるっていう。全然10年やってきたんだっていう感覚がないです。いまでも失敗たくさんするし。でもほんと、みんなが協力してくれたから。資本金も何もなかったのに。

佐藤　それでメニューのシフォンケーキを資本ケーキって書いてるんだ。

久永　資本はそれしかない。

佐藤　本当素敵だと思います。また来たいです。

絡部
久永屋
no chiffon no life

HISANAGAYA

久永屋

阿蘇郡南阿蘇村大字河陽3440-4長陽駅舎内
☎ 0967-67-1107
営業時間：11時～18時
定休日：月～金曜日（土・日・祝日のみ営業）

高森《たかもり》 田楽《でんがく》保《ほ》存会《ぞんかい》

途絶えかけた高森《たかもり》の食文化を残し伝えたいという店主・本《ほん》田《だ》研一《けんいち》さんのお父さんが保存会を立ち上げ、昭和40年代から店舗を構える。築１４０余年の風情ある店内からは、阿蘇の山々が一望でき、鎌倉時代から続くという高森の田楽料理がいただける。食材はもちろん、竹串なども高森産。

TAKAMORI DENGAKU HOZONKAI

高森田楽保存会

阿蘇郡高森町上色見 2639
☎ 0967-62-0234
営業時間：11 時～15 時
定休日：火曜日

肥後《ひご》れんこんの里《さと》

adidas

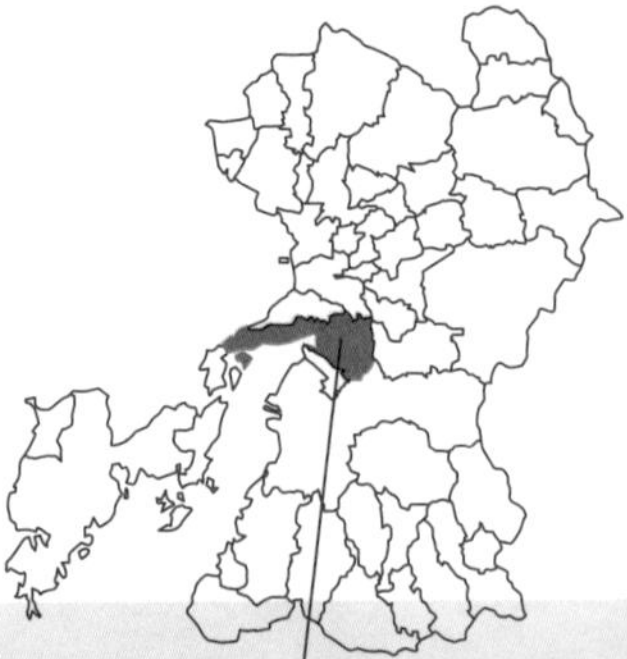

宇城市
UKISHI

続いてやってきたのは宇城《うき》市松橋町《まつばせまち》東松崎《ひがしまつざき》地区。ここでは、天保10年（1839）にできたという干拓地の特性を活かし、100年以上もレンコン栽培が受け継がれています。有機減農薬で栽培され、身がしっかりつまった美味しいレンコンを作る、作本弘《さくもとひろ》美《み》さん（76歳）にお会いしました。

佐藤　はじめまして、佐藤健です。

作本　作本弘美です。名前かわいいでしょ（笑）。

佐藤　ですね（笑）。レンコンってこんなふうに栽培されてるんですね。こんな景色初めて見ました。

作本　花が咲いているときはまたきれいなんですよ。

佐藤　へぇー。このあたりは何軒くらいレンコン農家さんがあるんですか？

作本　この集落は13軒で、30ヘクタールくらい栽培しています。レンコンを栽培して、１００年以上経ってるんですよ。明治42年（１９０９）に岡山の倉敷《くらしき》から種を持ってきたんです。

佐藤　このあたりの土壌がレンコンに適しているんですか？

作本　そうです。湿田が多かけん、レンコンには適してます。
佐藤　収穫はこの時期なんですか？
作本　いま収穫がはじまったところです。8月から3月いっぱいぐらいまで収穫します。
佐藤　長いですね。
作本　トマトやキュウリなんかは毎日収穫せんといかんでしょ。レンコンの場合は注文に合わせて収穫するんです。土の中が貯蔵庫みたいになっとるんでね。
佐藤　へぇ～、いっぺんに穫《と》らなくていいってことですか？
作本　そうです。収穫してみますか？
佐藤　はい！

adidas

HIGO RENKON NO SATO

肥後れんこんの里

宇城市松橋町東松崎 233
☎ 0964-32-4859

第6章

帰ってきたふたり。やってきたふたり。

合志市

KOSHISHI

いよいよろうの旅も佳境に。熊本県内各地でさまざまな人に出会った佐藤健が最後に出向いたのは、都会から熊本に帰ってきたふたりと、県外から熊本へやってきたふたりという、2組のご夫婦でした。その1組目、帰ってきたふたりがいるのは合志《こうし》市にあるジェラート屋さん、SLOW GELATO MADE IN NONOSHIMA。厳選された熊本県産食材を使ったジェラートがとても美味しいと話題のそのお店は、なんと野々島《ののしま》学園という障害者施設の中にありました。いったいどうして障害者施設でジェラート屋さんをはじめたのか？　その理由を聞いてみるべく、代表の土井《どい》章平《しょうへい》さん（34歳）と妻の愛《めぐみ》さん（26歳）にお話を伺いました。

SLOW
GELATO
MADE IN
NONOSHIMA

佐藤　ジェラートの味はどんなのがあるんですか？

愛　ミルクとご汁《じる》と……。

佐藤　え!?　なんて言ったんですか？

愛　ご汁です。ご汁っていう、九州で飲まれるお味噌汁があるんです。お味噌の味はしないんですけれども、ミルクベースに大豆の素を使って、大豆の食感を楽しめるジェラートです。

佐藤　へえ～。

愛　スイカとメロンは、果実をそのまま召し上がっていただいているような。あとは熊本県産のミルクと、バジルミルクと、熟成紅茶のスパイシーチャイですね。

佐藤　なるほど。みんなちょっとずつ食べたいけど、やっぱりまずはミルクだな。

愛　ミルクとバジルは今日まわしたてなので、な

めらかさがあっておすすめです。

佐藤　ぜひ。

愛　ありがとうございます。

佐藤　いただきます。美味しそう。……おお！美味しい！　濃厚！

愛　こちらが、ご汁です。

佐藤　あ、うまい。

章平　ジェラートはふつうのアイスクリームより脂肪分が3分の2なんですよ。

佐藤　そうなんだ。

章平　ジェラート自体はイタリアの冷菓なんですけど、さっぱりしてるのが特徴ですね。

愛　こちらがメロンです。

佐藤　あ！　これうまい！　もうまんまメロン。美味しい。

章平　近所で作ったメロンです。熊本はメロンも

有名なんです。全部地元のもので作ってるんですよ。

愛　こちらはスイカです。

佐藤　ん！　これもスイカだ（笑）。めっちゃスイカだ。美味しい。あ、メロンとミルク一緒に食べてみていいですか？

章平　どうぞどうぞ。

佐藤　うめっ！

章平　スイカとミルクもいいですよ。

愛　こちらはバジルミルクです。

佐藤　バジルミルク。うお～、突然イタリアン。すごいバジルの味がする（笑）。

愛　紅茶です。

佐藤　これもすごい、深い。……うお！　どんどんくる。え？　なんですかこれ？　ハンバーガー的な。

愛　ブリオッシュと言って、ジェラート用に作ったパンですね。

佐藤　あ、これも美味しいです。すごいなあ。ところでここは障害者の方の施設なんですよね？

章平　はい。ここ（野々島学園）は知的障害者の福祉施設で、自閉スペクトラム症とかダウン症とか、そういった子たちの施設だったんですけど、法律が変わったことで、精神障害者、身体障害者、知的障害者の3つを併せてやってください

っていう施設に変わったんですね。そのなかでもうちは、ここに泊まって生活する方たちではなくて、家から通って来る、就労継続支援B型って言うんですけど、お給料ではなく、働いた分、売った分だけお金をもらうというカタチなんです。一般雇用だったら最低賃金が決まってるんですけど、そういうことではなくて。それぞれの障害に合わせて働いた分だけお金を稼いでもらうっていう施設なんです。

佐藤　ここでみなさん働いてらっしゃるってことですか?

章平　そうですね。いまもこの裏で働いてくれてます。

佐藤　ジェラートづくりをされてる?

章平　はい。果物を洗って皮をむいて、それをジュースにするところから最後まで全部。基本的に僕たちは合いの手を入れるだけ。タイマーをセットしたり機械を回したりとか、突発的なトラブルを回避するとかくらいで。ほとんどすべての工程を彼らがやっています。接客は僕たちがしていますけど。

佐藤　そもそもどうして、ジェラートなんですか?

章平　はっきり言うと障害者が働けるのであれば何を作ってもよかったんです。ただ最近パンやクッキーを焼いたり、陶芸をやったり、農業をしたりとかが多いと思うんですけど、現実なかなか売れないんですね。実はそういう施設のスタッフさんも、それが給料とは関係ないから売れなくてもよかったりするんです。でもやっぱりそれではダメだろうっていうところからはじまって。

佐藤　なるほど。

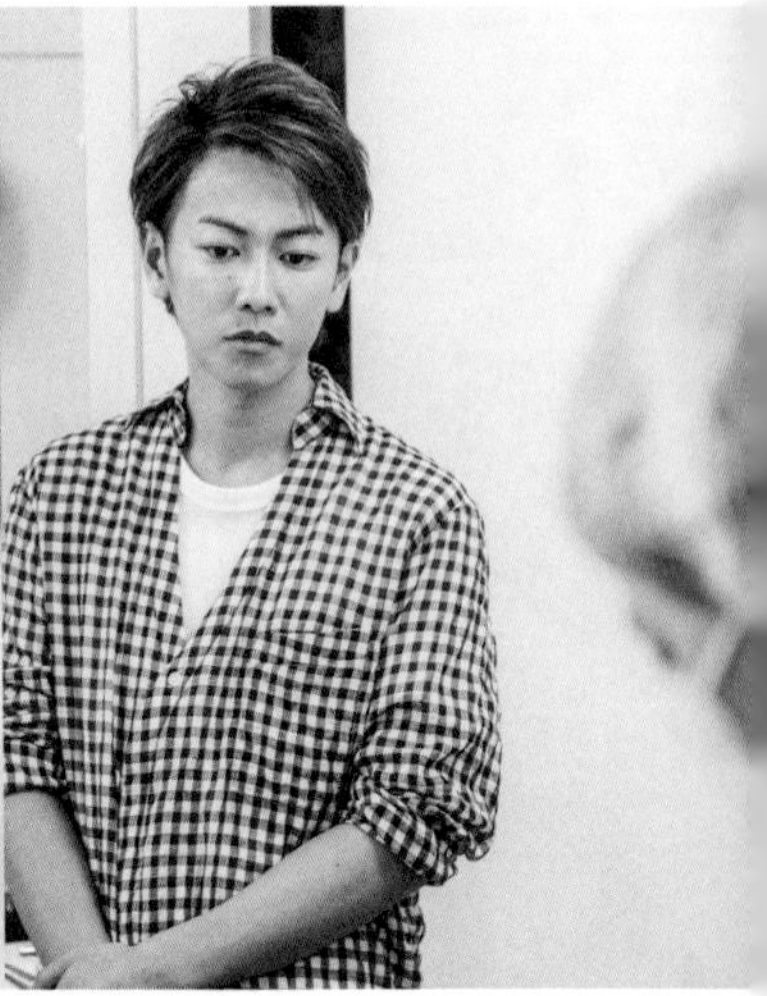

章平　そんなときにちょうど法律が変わったんですよ。障害者雇用促進法（平成28年4月施行）という法律なんですけど。障害者の世界で差別っていうと、ほとんど雇用の機会のことを言うんですね。簡単に言うと、企業は50人に対して1人(*)、障害者を雇わなければいけないという法律です。

佐藤　どんな会社も絶対にってことですか？

章平　絶対です。

佐藤　それはすごい前進ですね。

章平　そうなんです。でも受け入れ側の人たちは、いきなりのことで困っちゃうじゃないですか。障害者が来てもどんな障害かもわからないし。なので、実際どう障害者が働いていけるかっていうモデルケースとかマニュアルが求められたんですね。要は雇用の機会をちゃんと生み出せていけるモデルを作らないといけない。いままでは

＊令和3年の法改正により、現在は従業員43.5人に１人。

SLOW
SLOW GELATO

障害者を受け入れることで、国や企業が連携して、サポートを受けることが出来たんですよ。ただ、ある一定の期間を過ぎると、それを受け続けることが難しい仕組みになっていて、結果そのまま継続して働いてもらうのが難しくなるんですよ。

佐藤　それじゃ意味がないですね。

章平　そうなんです。

佐藤　逆にというか、障害者を雇用して、しっかりお金を稼がないといけない。

章平　そのとおりで、そう考えたときにクッキーや陶芸とかじゃなくて、「みんなアイス好きだよね」しかも「熊本の食材って最近注目されてるよね」って。だんだんジェラートの方向に（笑）。単純な発想なんですけど。

佐藤　おもしろいですね。ちなみに章平さんはいつからここにいるんですか？

章平　僕は6～7年前からですね。

佐藤　それまではどうされてたんですか？

章平　東京でファッションのコンサルタントをやっていました。その前はサンフランシスコとロンドンに10年いて。ロンドンはファッション系の大学で、サンフランシスコは心理学系の大学に。

佐藤　へえ～。たしか章平さんのお父さんがもともと野々島学園をやられてたんですよね。

章平　はい。父が40年以上。

佐藤　なんでここに帰ってこようと思ったんですか？

章平　帰ってくる気はまったくなかったんです。ファッションでこれからだぞっていうときに、あることをきっかけに帰ってこいって言われて。だから本音を言えば帰ってきたくはなかったんです。やっぱり、福祉って収入も限られていますし。

佐藤　働いた分の対価が単純にお金じゃないところもありますよね。

章平　そう。また違った社会的なものだったりするので。

佐藤　考え方を変えるのはなかなか大変じゃないですか。

章平　シフトチェンジするのにはけっこう苦労しました。

佐藤　もうファッションに未練はないですか？

章平　未練はないって言ったら嘘になりますね。でも、例えば障害を持った子たちが描いてくれた絵を女性用のタイツ（の絵柄）にしたりとかして、少しはファッションに。彼らが喜ぶカタチにして、東京のほうでも少し出させ

てもらってるので。ありがたいなと思っています。

佐藤　章平さんはここに戻ってから福祉のことを考えるようになったんですか？

章平　もともとずっと心理学においてもそういう研究をしてたし、ファッションでも障害者とのジョイントはしてたんですけど、本当の意味では帰ってきてからですね。彼らの顔を見て、一緒に生活して。どういった商品づくりが最適かっていうのはやっぱり現場でしかわからないので。すべての親御さんの願いだと思うんですけど、自分がいなくなった後に子どもたちがどう残されていくかって考えたときに、少しでも社会のサイクルの一部になっているって安心させてあげられる場所にしたいんです。

SLOW GELATO
MADE IN NONOSHIMA

合志市野々島 2774-4
☎ 096-242-6811
営業時間：11時～16時
定休日：水曜日

上天草市
KAMIAMAKUSASHI

麻《ま》こころ茶屋《ちゃや》

駆け抜けるように県内各地を飛び回った熊本の旅。いよいよ最後の最後に向かったのは、天草諸島の入り口、大矢野島《おおやのじま》。そこで、佐藤健と同じく埼玉県出身のご夫婦が移住し食堂カフェを営まれていると聞き、やってきたのでした。お店の名前は、麻こころ茶屋。元鮮魚店だったとは信じられない素敵な建物で、人気のドーナツをいただきながら、小澤麻裕《おざわあさひろ》さん（36歳）、朋子《ともこ》さん（38歳）ご夫婦にお話を伺います。

佐藤　ドーナツ美味しい。

朋子　ありがとうございます。

佐藤　もともとお菓子は作られてたんですか？

朋子　はい。フランス菓子の学校に行って。（東京）国立《くにたち》にある学校で。

佐藤　なんで熊本に移住しようと思ったんです

か？

麻裕　もともと埼玉の東大宮《ひがしおおみや》でお店を構えてたんですけど、そのときお客さんに熊本の人がいて話を聞いて。移住はずっと考えてたんですよ。でも九州はあんまり考えてなかったんですけど、来てみたら気に入っちゃって。埼玉の店を閉めて1か月後くらいには来ちゃいました。

朋子　平成23年の東日本大震災が起きてから救援物資活動をずっとやっていて、それで平成23年5月の半ばに10日間くらいこちらにも来たんです。その帰りの飛行機で決めました。

佐藤　そのときにもうこの場所に出合ったんですか？

朋子　ここにはさらにその半年後です。

佐藤　とにかく熊本に住むことだけは飛行機の中で決めたんですね。

朋子　そうです。店をやるっていうのはそのときは考えてなくて。最初は人の役に立ちたいっていう気持ちが強かったけど、いろいろ考えているうちに自分の幸せも考えるようになって。いつかきれいな景色のなかで暮らしたいと思ってたので、それに忠実になってみようかなっていう感じで。それで自然の循環のなかにいられるような山暮らしをしようって思ってたんです。なので熊本を選んだんですけど、そこから半年場所を求めてあちこち彷徨《さまよ》って、最終的にすごく理想的な山の上の場所を紹介してもらったんです。それでそこに何日かお世話になったんですけど、ここで自分たちが暮らしても何も生まれないねっていう話になって（笑）。

佐藤　ぐるぐるしてますね（笑）。

朋子　あの頃はもう理想や使命感で頭がガチガチ

だったんです。でも本当にいま、山の暮らしをしたいの？ってまた自問自答して。そこから自分たちが勝手に思い描いていた理想の暮らしをどんどん壊しながら山を下りて。それでもう探すのも疲れ果ててしばらくじっとしてようってなったんですけど、すぐ次の日に不動産屋さんから電話がかかってきて案内されたのが、海辺のこの場所なんです。それで初めてここに来たときに、ふっと気が抜けて安心したんです。あ、ここだったんだ、やっぱり店だったんだって（笑）。

佐藤　そのときここはどういう状態だったんですか？

朋子　ここはもともと鮮魚店だったので、大きな冷蔵庫があって、何年も使われてないような生《い》け簀《す》があったり。

佐藤　それでもイメージできたんですね。

朋子　店とかやってる場合じゃないと思ってたからそういう気持ちを閉ざしてたんだけど、やっていいのかなって思ったらどんどんと。どうせやるならやりたいことをやろうってなって。景色のよいところでお菓子を作りたいとか、いろいろと思いはじめて。

佐藤　麻裕さんもずっと料理をやってたんですか？

麻裕　僕たちはケータリングカーからはじまってるんですけど、それで徐々に覚えていった感じですね。天草に来てからはコーヒーの焙煎もはじめました。

佐藤　それぞれいい役割分担になってるんですね。

朋子　そうですね。自然と。

いまも当時の鮮魚店の看板が残されている「麻こころ茶屋」の外観。

MACOCOROCHAYA

麻こころ茶屋

上天草市大矢野町上6586-3
営業時間：
土・日・祝日11時〜16時（店内営業）
平日 11時〜15時（窓口営業）
ベンディングマシン（自動販売機）は24時間稼働

熊本で暮らすことを決めた若い2組のご夫婦の話に、熊本の地に根をはる強い決意を感じた佐藤健は、あらためて旅全体を振り返りながら、旅人の使命についても考えをめぐらせていました。熊本で出会ったみなさんのたくましさに、答えのない未来に立ち向かう勇気をもらい、またどこか、るろうの旅へ出てみたいと思うのでした。

A-TRAIN
ワンマン
A列車で行こう
A-TRAIN
A-TRAIN

KUMAMOTO JOURNAL

熊本への
アクセス

ACCESS TO KUMAMOTO

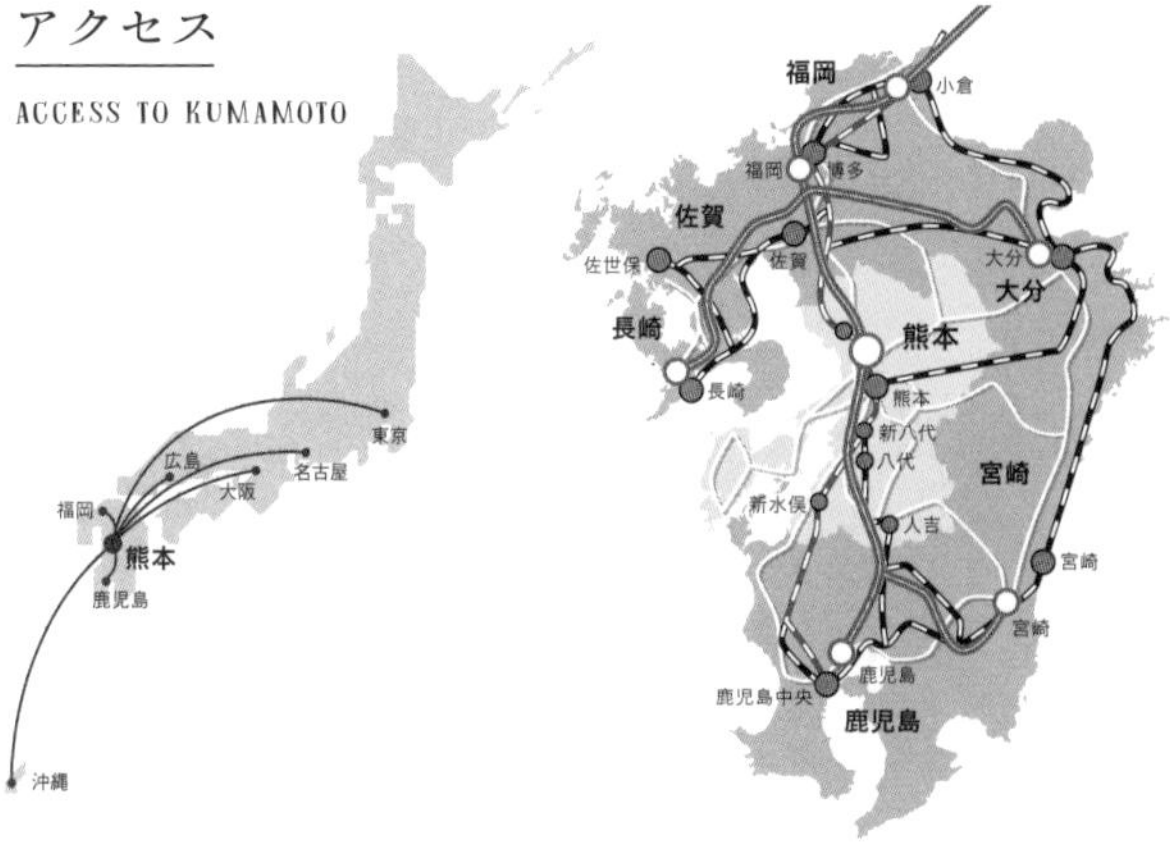

飛行機で
AIRPLANE

東京から	羽田空港～阿蘇くまもと空港	約1時間40分
名古屋から	小牧空港～阿蘇くまもと空港	約1時間30分
	中部国際空港～阿蘇くまもと空港	約1時間25分
大阪から	伊丹空港～阿蘇くまもと空港	約1時間5分
沖縄から	那覇空港～阿蘇くまもと空港	約1時間25分

新幹線で
SHINKANSEN

東京から	東京駅～熊本駅	最速約5時間40分
名古屋から	名古屋駅～熊本駅	最速約4時間5分
大阪から	新大阪駅～熊本駅	最速約3時間
広島から	広島駅～熊本駅	最速約1時間40分
福岡から	博多駅～熊本駅	最速約33分

高速バスで
HIGHWAY BUS

名古屋から	名鉄バスセンター～熊本駅前（不知火号）約11時間30分
大阪から	大阪駅前～熊本駅前（サンライズ号・あそ☆くま号）約10時間
福岡から	博多バスターミナル～熊本駅前（ひのくに号）約2時間

自動車で
CAR

大阪から	約8時間30分	福岡から	約1時間
広島から	約4時間30分	鹿児島から	約2時間

熊本のうまかもん

佐藤が食べた肥後のあか牛のほかにも
熊本には美味しいものがたくさん。
ぜひ現地で味わってみてください。

からし蓮根

茹《ゆ》でたレンコンの穴に辛子味噌を詰め、衣を付けて揚げた代表的な郷土料理。400年ほど前、殿様の健康食として作られたのがはじまりと言われています。シャキシャキの歯ごたえ、ツンと鼻に抜ける香りがクセになる美味しさです。

いきなり団子

輪切りにしたさつま芋とあんこを、小麦粉で練った生地に包んで蒸し上げた郷土菓子。「いきなり」は熊本弁で「簡単、手軽」という意味。ほどよい甘さに少し塩気の利いた素朴な味が親しまれています。

一《ひと》文《も》字《じ》のぐるぐる

「一文字」とはワケギのこと。食感が残るようサッと茹でた一文字の根元に、青い葉の部分をぐるぐる巻き付けて作ることからこの名前が付きました。酢味噌もしくは辛子味噌をかけて食べる、手軽に作れる郷土料理です。

高菜めし

特産の阿蘇高菜漬を炒めて炒り卵とごはんに混ぜ、ゴマ、塩、醤油などで味付けして作る郷土料理。高菜チャーハンやピラフとは異なる独特の作り方で、阿蘇地方でよく見られます。

熊本ラーメン

豚骨ベースのスープにコシの強い中太麺、ニンニクチップやマー油などをかけるのが特徴です。久留米ラーメンをルーツとし、独自の進化を遂げた熊本ラーメンは、臭みをおさえたマイルドな味です。

天草大王《あまくさだいおう》

熊本だけで飼育生産されている国内最大級の地鶏。昭和初期に一度絶滅してしまいましたが、研究を重ね約10年をかけて復活させました。通常の鶏より肉量が多く、弾力ある歯ごたえ、コクのある味が魅力です。

熊本スイカ

生産量日本一を誇る熊本県のスイカは、果肉が鮮やかで甘くみずみずしいのが特徴です。シャリシャリとした食感と後味のよさがたまりません。夏のイメージが強いスイカですが、熊本スイカの出荷のピークは5月上旬頃です。

太平燕《タイピーエン》

春雨スープに白菜や人参、豚肉、イカ、エビなどをあわせたもので、中国の郷土料理がルーツです。明治時代に熊本に伝わって以降、アレンジしたものが広がり、熊本県民のソウルフードとなりました。

だご汁

「だご」とは団子のこと。小麦粉を練って平たい団子状にしたものを、大根や人参などの具材とともに汁に入れて作ります。地域や家庭で味付けなどが異なり、バリエーションもさまざま。熊本の冬の食卓には欠かせません。

馬刺し

馬肉の生産量も消費量も日本一とされる熊本県には、馬肉専門店が数多くあります。おろし生姜やニンニク、刻みネギなどの薬味とともに、甘めの醤油で食べる馬刺しは代表的な郷土料理。

熊本の民芸品

ユニークで愛らしい郷土玩具や
カラフルで美しい民芸品がいっぱい。
おみやげにおすすめです。

彦一《ひこいち》こま

八代《やつしろ》地方に伝わる「彦一とんち話」に登場するタヌキをモチーフに作られた郷土玩具。笠・頭・胴体・土台が分解でき、それぞれコマとして遊べます。最近は、くまモンをモチーフにしたものも人気です。

花《はな》手《て》箱《ばこ》

人吉《ひとよし》・球磨《くま》地方に伝わる民芸品。平安時代、平家の落人が都の栄華をしのんで作ったと言われ、女の子の宝箱として使われてきました。ヒノキ・スギなどで作った箱に白で地塗りし、色鮮やかな椿の絵を施しています。

きじ馬《うま》

木の胴体に車輪を付けたきじ馬は九州を代表する郷土玩具ですが、人吉・球磨地方に伝わるものは、粗削りの丸太に草木染めの彩色が施され色鮮やか。元々は男の子が、ひいたり乗ったりして遊ぶほどの大きなものでした。

来《く》民《たみ》うちわ

うちわの日本三大産地として知られてきた山《やま》鹿《が》市来民。江戸時代から受け継がれてきたその製法は、真竹の骨に和紙を貼り、柿渋を塗ることで軽くて丈夫に。風を起こしやすく、大事に使えば100年もつと言われています。

おきん女《じょ》人形

八代市日奈久《ひなぐ》に江戸時代から伝わり、湯女のおきんという美人薄命の娘を悼んで作られました。女の子がままごとなどをして遊ぶ玩具として、また、温泉みやげとしても知られています。その容姿は、こけしの原型を思わせます。

肥後てまり

ヘチマを芯に使って、フランス刺繍の糸で模様を施した手まりは、肥後の女性の間で代々受け継がれてきました。発祥は江戸時代とされ、手まりうた「あんたがたどこさ」のルーツも熊本だと言われています。

花ござ

い草の生産量日本一を誇る八代地方で、明治時代から織られてきました。敷きござのほか、最近では色鮮やかに染色されたい草を用いたランチョンマットやコースターなど、新しい商品も作られています。

おばけの金太《きんた》

頭の中に竹バネを仕込み、ヒモを引くと目玉がひっくり返ってあっかんベェをするカラクリ人形。その表情は3パターンに変化し、加藤清正に仕えた「金太」というひょうきんで人気者の足軽がモデルと言われています。

熊本の湧水

熊本県の湧水の数は1000か所以上。
まさに水資源の宝庫です。
ここでそのいくつかをご紹介します。

白川《しらかわ》水源

阿蘇郡南阿蘇村大字白川 2040
☎ 0967-67-1112（南阿蘇村産業観光課）
営業時間：8 時～ 17 時（季節により変動あり）
料金：環境保全協力金として高校生以上 100円

白川吉見《よしみ》神社の境内にある、南阿蘇の湧水の代名詞とも言える水源。古くから水神が祀られてきました。毎分60トンもの水が地底の砂とともに勢いよく湧き上がり、そのまま水量豊かな川に。水は汲んで持ち帰ることもできます。

山吹水源

阿蘇郡産山村産山
☎ 0967-25-2211（産山村役場企画振興課）

うっそうとした原生林に囲まれた静かな水源で、神秘的な雰囲気です。毎分30トンの水が湧き出ていて、水面にはヤマメの魚影を見ることができるほど澄みきっています。産山村の隠れた名水です。

金峰山《きんぼうざん》湧水群

熊本市西区（河内町・松尾町・島崎・花園ほか）玉名市（天水町）
☎ 096-328-2436（熊本市水保全課）

金峰山系一帯にある、お手水《ちょうず》（写真）や長命水など20か所の湧水群。宮本《みやもと》武蔵《むさし》や加藤清正、夏目《なつめ》漱石《そうせき》ゆかりの名所が点在し、歴史や文化を感じられるのも魅力のひとつ。生活用水、農業用水として地域の暮らしを支えてきました。

轟《とどろき》水源

宇土市宮庄町
☎ 0964-22-1111（宇土市商工観光課）

生活水に悩む人々のために、宇土藩の初代藩主・細川行孝《ほそかわゆきたか》が、轟水源から4.8キロメートルの上水道を作りました。これが、いまなお現役の上水道としては日本最古のもの。水源の水は飲料水として、特にお茶に適しているそうです。

水前寺《すいぜんじ》江津湖《えづこ》湧水群

熊本市中央区水前寺公園及び健軍本町ほか
☎ 096-328-2436（熊本市水保全課）

熊本市街地にありながら、毎日約57万トンの水が湧き出て、江津湖を形づくっています。市民の憩いの場となっている江津湖の周辺に、熊本市最大の水源地となる健軍《けんぐん》水源地や、風光明媚《めいび》な水前寺成趣園《じょうじゅえん》（写真）などがあります。

この本の中で佐藤健が訪れたところ

みなさんに訪れてもらいたい場所やお店の情報をまとめました。ぜひ、こちらを参考に旅をしてみてください。

熊本市

長崎次郎書店

市電「新町」駅のななめ向かいにある明治7年創業の老舗書店。現在の建物は大正13年、住宅建築を積極的に手がけた保岡勝也による設計で、界隈のランドマークとして親しまれている。書店にはギャラリーも併設して、さまざまな企画も開催。

熊本市中央区新町4-1-19
☎096-326-4410
営業時間：11時 ～19時
定休日：元日・藤崎宮秋季例大祭当日

長崎次郎喫茶室

平成26年10月、長崎次郎書店の2階を改装して、喫茶室としてオープン。室内には大正時代の趣きが残り、アーチ型の窓からは路面電車が走る詩情豊かな風景が楽しめる。

熊本市中央区新町4-1-19 2階
☎096-354-7973
営業時間：11時26分 ～18時26分
定休日：元旦

蜂楽饅頭 熊本上通店

昭和28年、熊本県水俣市で創業。現在は、福岡など九州一円に店舗を構えるが、市内の繁華街、上通商店街にある熊本本店はぶらりと立ち寄りやすく、熊本のソウルフードとして親しまれている。黒あんと白あんがある蜂楽饅頭のほか、夏季限定のかき氷も人気。

熊本市中央区上通町5-4
☎096-352-0380
営業時間：10時 ～19時（売り切れ次第終了）
定休日：火曜日
かき氷は夏季限定（5月中旬～10月中旬）

加藤神社

慶長12年（1607）、加藤清正が当時の最先端の技術と労力を投じて築城した熊本城内に鎮座。加藤清正を主祭神に祀る。7月の第4日曜日に行われる「せいしょこ（清正公）まつり」では迫力ある神幸行列も。

熊本市中央区本丸2-1
☎096-352-7316
授与所：8時～17時（行事により変動あり）

林昭三刃物工房

昭和22年創業。熊本の伝統的工芸品にも指定されている川尻刃物にあって、林昭三さんは最ベテランの工芸師。林昭三さんの包丁は工房からすぐの「くまもと工芸会館」で買うことができる。工芸会館ではほかにも、川尻桶、肥後象がんなども展示販売している。

くまもと工芸会館
熊本市南区川尻1-3-58
☎096-358-5711
営業時間：9時 ～17時
定休日：月曜日（祝日の場合は翌日）、12月28日～1月4日

Denkikan

市電「辛島町」駅すぐのサンロード新市街商店街にある映画館。その歴史は、明治44年、熊本初となる活動写真の常設館「電気館」にまでさかのぼる。平成15年、映画館として初めて「日本映画批評家大賞特別賞」を受賞。3つのスクリーンで単館系作品を中心に上映している。

熊本市中央区新市街8-2
☎096-352-2121

産山村

民宿・農家レストラン　山の里

家族経営のアットホームな農家レストラン。自家牧場で餌にこだわり丁寧に育てたあか牛のステーキと焼肉、里山の山菜料理などが楽しめる。

阿蘇郡産山村大字田尻202
☎0967-25-2253
営業時間：11時 ～15時 / 18時～21時
定休日：水曜日
＊12月は夜営業休み、冬季1月～２月は火曜日・水曜日定休

宇城市

肥後れんこんの里

天保10年（1839）にできた干拓地で、レンコン栽培の歴史は100年以上。レンコンの粉や干しレンコンなど、加工品の製造もしている。現地販売所などは設けられていない。

宇城市松橋町東松崎233
☎0964-32-4859

合志市

SLOW GELATO MADE IN NONOSHIMA

障害者施設「野々島学園」の中にあるジェラート屋さん。地元食材を使ったジェラートは他で味わえないテイストが多数。

合志市野々島2774-4
☎096-242-6811
営業時間：11時 ～16時
定休日：水曜日

上天草市

麻こころ茶屋

天草諸島は大矢野島にある、鮮魚店を改装した食堂カフェ。人気のランチのほか、自家焙煎のスペシャルティーコーヒー、自家製ジャムやグラノーラなどの販売も。

上天草市大矢野町上6586-3
営業時間：土・日・祝日11時 ～16時（店内営業）
平日11時 ～15時（窓口営業）
ベンディングマシン(自動販売機)は24時間稼働

池山水源

清らかで豊かな水を求めて多くの観光客が訪れる、産山村の人気スポット。近くには民宿や温泉なども。

阿蘇郡産山村田尻14-1
☎0967-25-2211（産山村役場企画振興課）

阿蘇市

阿蘇神社

約2300年の歴史を持つと伝わる古社で、肥後一の宮として篤い信仰を集めてきた。江戸時代末期に作られた楼門は国の重要文化財にも指定されていたが、熊本地震により倒壊。2023年12月復旧予定。

阿蘇市一の宮町宮地3083-1
☎0967-22-0064
御札所：9時 ～17時

西湯浦園地展望所

阿蘇のカルデラ地形や火山群が一望できる展望所。天空のドライブウェイとも言われる、阿蘇ミルクロード沿いにある。

阿蘇市西湯浦1452
☎0967-22-3174（阿蘇市観光課）

高森町

高森田楽保存会

高森の郷土料理、田楽がいただける。囲炉裏を囲んで、炭火で焼く昔ながらのスタイル。上色見熊野座神社は歩いてすぐの距離。

阿蘇郡高森町上色見2639
☎0967-62-0234
営業時間：11時 ～15時
定休日：火曜日

南阿蘇村

久永屋

南阿蘇鉄道の無人駅、長陽駅舎内にある駅員の宿直室などを転用したカフェ。地元食材を使った人気の資本（シフォン）ケーキは、店のHPからお取り寄せもできる。

阿蘇郡南阿蘇村大字河陽3440-4 長陽駅舎内
☎0967- 67-1107
営業時間：11時 ～18時
定休日：月～金曜日（土・日・祝日のみ営業）

旅を終えて

これまで映画のロケなどで熊本には何度も来ていましたが、今回の旅ではあらためていろんな気づきをもらったように思います。なかでも、熊本のみなさんにとっての熊本城の存在の大きさを、今回ほど強く感じたことはありませんでした。阿蘇神社の楼門もそうでしたが、それらが崩れてしまったという事実以上に、みなさん、どこか心のよりどころまでもが崩れてしまったようなショックを受けておられ、それは簡単に想像できるものではないのですが、それでも熊本に暮らすみなさんの郷土に対する愛情を強く感じて、胸が詰まりました。正直、そういう存在があるということ自体が、僕のなかですごくあたらしい発見で、じゃあ僕にもそんな象徴はあるだろうか？　っていうことを考えるきっかけにもなりました。そう思えば、一番初めに訪れたのが長崎次郎書店さんだったというのも、とても運命的で、特に最初に見せてもらった熊本城を意匠化したメッセージコーナーは、まさに熊本のみなさんにとっていかに熊本城が大切な存在であるかということの象徴だったように思います。

これまで、熊本城のような名所旧跡や、古い建物が大切だと思っていたのは、なんとなく頭だけの理解だったかもしれなくて、「伝統は大事にしよう」「古いものを大切にしよう」みたいなことは実際散々言われてきているし、それは確かにそうだろう、みたいなところで思考が止まってしまっていたのかもしれないなって思います。この旅で、より明確な理由や、切実さを肌で感じることができて、確かに守らなきゃいけないものなんだ、僕たちが続けていかなきゃいけないものなんだ、と実感しました。川尻包丁もそうだし、ああいう実直なものづくりこそ、これからも続いてほしいと心から思います。

　また一方で、あたらしく熊本に住むことを決めた人たちにお会いできたことに、すごく未来を感じました。震災のこともあって、旅の前はいろいろ心配なところもあったんですが、みなさんがとにかく前を向いてらっしゃることに逆に気持ちが救われた気がします。だからこそ、なによりこの本を読んでくださった方にはぜひ熊本へ行ってもらいたいと思います。今回の旅でも、かなりいろんなものを食べましたが、とにかく熊本は食べ物が美味しいです。もともと九州は美味しいものがたくさんという印象がありましたが、あか牛のお肉であれ、田楽屋さんでいただいたヤマメであれ、それらが育《はぐく》まれた場所で食べられる幸福はかえがたいものがあります。当然ですが、ああいう美味しさは東京では味わえません。モノはあったとしても、あの環境までは絶対に用意できません。だからこそ、みなさんも実際に熊本に行ってほしいんです。写真だけでは伝わりにくいですが、それぞれの場所が、山の中だったり、田んぼが目の前に広がっていたり、海のそばだったりと、自然な環境のなかにあるので、そこがやっぱり全然違います。今回旅したところはすべて本当に素敵なところばかりですし、まずはこの本に載っている場所を起点に、ぜひ行って、味わって、経験してみてください。そして、その先でみなさんがまだ見ぬ素敵な場所を見つけてくれたら、より嬉しいなあと思います。

佐藤健

平成28年（2016）4月、各地に大きな被害をもたらした熊本地震。その復興の一助になればと、映画『るろうに剣心』の撮影などで幾度となく熊本に訪れていた佐藤健が、その年の夏に熊本を訪れた記録が『るろうにほん 熊本へ』でした。震災から1年後の平成29年（2017）に出版された本書ですが、あれから5年以上の月日が経ち、再販されるにあたって、いま現在（令和4年〈2022〉）の熊本の姿をここに記録します。まだまだ終わらぬ復興の道を、みなさんと共に。

るろうにほん 熊本と

熊本城

2021年3月、地震で倒壊した天守閣の復旧が完了。

慶長12年（1607）、熊本県民にいまもなお「清正公《せいしょこ》さん」と慕われる加藤清正によって築城された熊本城。明治10年（1877）に起きた西南戦争において、50日あまりにも及ぶ籠城戦の舞台となり、西郷隆盛率いる薩摩軍の猛攻にも耐えたことから「難攻不落の堅城」として知られるようになりました。しかし、天守や本丸御殿は西南戦争開戦直前の火災で焼失していました。

明治時代初期に撮られた写真などをもとに、昭和35年（1960）、市民の寄付も受け、鉄骨鉄筋コンクリート造で天守が再建されました。熊本のシンボルとして、あらためてその勇壮な姿を見せました。

その後、平成28年（2016）の熊本地震で被災。石垣の崩落や建造物の倒壊など、甚大な被害を受けるも、震災復興のシンボルとして最優先で復旧作業が進められ、令和3年（2021）3月に天守閣が完全復旧しました。

けれどそれはあくまでも天守閣のみ。周辺には、再び組み上げられるのを待つ石垣が並べられ、地震翌日の姿かと見紛《みまが》うほど、いまだ崩壊したままの状態の箇所も多く、熊本城完全復旧への道のりはまだまだ先であることがうかがえます。

2017

「『るろうにほん 熊本へ』のおかげでたくさんの人が書店にも訪れてくださいました。その後コロナ禍で大変な状況が続いていますが、今回も乗り越えられると信じて頑張っています」

長崎健一（長崎次郎書店）

阿蘇神社

2017

「春先からこの（楼門の）囲いの解体が始まり、令和5年の年末には、なんとかお披露目できる予定です。楼門は国の重要文化財ということもあって、可能な限り元の部材を使って再建しています。あの壊れた状態からパーツを広い集めるだけでも、よくぞという感じで。1万点以上のパーツを大工さんたちが拾い集めて、元に戻せたっていうのは匠《たくみ》の技というか、神がかったところがありますね」

内村泰彰（阿蘇神社権禰宜）

2017

「かたやこちらの拝殿は文化財指定を受けていない建物だったので、完全に新築です。ただこれだけの量の材を集めるのはとても大変なので、まとまった量がある米《べい》ヒバと呼ばれる北米材を使う予定だったんです。しかし地域の方々からの『熊本は林業が盛んだし、神社は日本のもので建てたい』という声が強くて。そこから地元の地域振興局、森林組合さんをはじめ、林業家の方など、心強い方たちが１人２人と動いてくださって、材料が集まるお手伝いをしてくださいました。そのおかげで最終的には９割５分が国産材、そのうちの８割が熊本県の材料、全体の５割は阿蘇の材が使われています。これは災害からの復旧じゃなかったら成し得なかったことだと思います。その

中のさらに一部は、県立阿蘇中央高校で100年近くにわたって育ててきた学校林のヒノキを提供していただきました。地域の人たちとのつながりも含めて、ある意味、震災の前以上に良い神社となって蘇《よみがえ》っているように感じています」

2017

南阿蘇鉄道 長陽駅／久永屋

2023年7月15日の全線復旧に向けて工事が進められる南阿蘇鉄道。中松一立野という不通区間にある長陽駅ですが、ちょうど復旧に向けた「線路点検車」が目の前を走っていきました。

「健さんのおかげで、『るろうにほん 熊本へ』を片手に沢山の人が久永屋に訪れてくれました。本当に感謝しています」
久永操（久永屋）

阿蘇大橋・数鹿流《すがる》崩れ

熊本地震による落橋で県内最大規模のインフラ被害となった国道325号の寸断。現在も崩落した旧阿蘇大橋の一部が峡谷に引っかかる形で残っています。

熊本地震によって引き起こされた大規模山腹崩壊、数鹿流崩れ。その手前を走るJR豊肥本線が2020年８月に復旧し、開通しました。

地震で崩落した阿蘇大橋に代わり、2021年３月、元の場所から600m下流に架橋された新阿蘇大橋。「PCラーメン橋」と呼ばれる複数の橋脚と上部の橋桁を一体化させた橋は、地震などの揺れに強いのが特徴。

新阿蘇大橋展望所から望む、
阿蘇長陽大橋（2017年復旧）。

新装版あとがき

るろうにほん 熊本と

『るろうにほん 熊本へ』を購入してくださったみなさん。
『るろうにほん 熊本へ』を携えて熊本に訪れてくれたみなさん。
本当にありがとうございます。

地震から早くも7年が経ちました。

2021年春、復興の象徴として熊本城の天守閣が復活したと聞いたときはとても嬉しい気持ちだったのですが、今回あらためて熊本城の現状を知り、復興がまだまだであるという現実を思い知りました。

当初の基本計画では２０３７年度とされていた熊本城の完全復旧は、
15年遅れて２０５２年に修正されたとのこと。
あまりに長い道のりに、その傷跡の深さを感じます。

一度熊本に訪れてくださったみなさんも、どうか再びこの本を携えて、
熊本の旅を楽しんでみてください。もちろん初めて訪れる方にも、
存分に熊本の自然や文化を感じてもらえると嬉しいです。

『るろうにほん 熊本へ』出版から6年。
いろはうたの五十音で言えば「へ」の次は「と」。
みなさんと共に、熊本の復興への道を一歩一歩、
〝るろうにほん 熊本と〟歩んでいければと思います。

２０２３年４月

佐藤健

佐藤 健（さとう・たける）

1989年埼玉県生まれ。ドラマ「天皇の料理番」「恋はつづくよどこまでも」「義母と娘のブルース」「100万回 言えばよかった」、大河ドラマ「龍馬伝」、連続テレビ小説「半分、青い。」や、映画「るろうに剣心」シリーズ、「8年越しの花嫁 奇跡の実話」「護られなかった者たちへ」、Netflix「First Love 初恋」など多数の作品に出演。東北復興支援を目的にしたプロジェクトとして、神木隆之介との共著『みやぎから、』や、プロデュースを手がけた仙台謎解きウォーク「街に願いを」がある。

るろうにほん 熊本へ

2023年4月10日　第1版発行

企画
佐藤 健

プロデュース
中島郁美（Co-LaVo）

編集／執筆
藤本智士（Re:S）

編集
山口はるか（Re:S）
砂原謙亮（NHK出版）

写真
清永 洋

デザイン
堀口 努（underson）

装画
山本太郎

校正
鈴木由香

スタイリスト
中兼英朗

ヘアメイク
古久保英人

協力
熊本市
杉本幸生

著 者　佐藤 健

発行者　土井成紀
発行所
NHK出版
〒150-0042　東京都渋谷区宇田川町10-3
電話　0570-009-321（問い合わせ）
　　　0570-000-321（注文）
ホームページ　https://www.nhk-book.co.jp

印刷・製本
凸版印刷

Printed in Japan　ISBN978-4-14-081938-8　C0095

本書は2017年4月刊行の『るろうにほん 熊本へ』（発行・アミューズ）に、加筆・修正いたしました。

掲載している年齢や年数などは取材当時（2016年7月時点）のものですが、それ以外の情報は2023年2月時点のものです。